GOLDMANN

Buch

In unserer von Technik regierten Welt hat die Sprache immer mehr von ihrer ursprünglichen Bedeutung verloren. Sie ist kopflastig geworden, es wird abstrahiert, viel geredet, nichts gesagt, Leerformeln ersetzen Aussagen.

Die Jugend hat sich diesem Gerede entzogen und längst eine eigene Sprache gefunden, die noch »aus dem Buch heraus« kommt, die ehrlich ist. Mit ihrer Sprache haben sich die Jugendlichen Schlupfwinkel geschaffen, in denen persönliche Gefühle wieder möglich sind; eine Sprache, die vom anderen erlebt und verstanden wird, die Ecken und Kanten hat, an denen sich ein Gesprächspartner festhalten kann. In diesem Buch äußern sich die jungen Menschen in ihrer Ausdrucksweise und geben einen Einblick in ihre Denkweise und ihre Empfindungen.

C. P. Müller-Thurau stellt das Recht der Erwachsenen in Frage, ihren eigenen Sprachgebrauch zum Maßstab zu nehmen, und will mit seinen Kommentaren zu den verschiedenen Themenbereichen das Verständnis der argwöhnischen älteren Generation wecken. Das Lexikon der Jugendsprache im zweiten Teil des Buches dient als »Übersetzungshilfe« für die Lektüre.

Autor

Claus Peter Müller-Thurau, geboren 1947 in Thierbach/Sachsen, studierte Germanistik, Romanistik, Psychologie und Soziologie mit dem Studienabschluß Diplom-Psychologe. Er ist als Psychotherapeut und in der Erwachsenenbildung tätig.

Claus Peter Müller-Thurau

LASS UNS MAL 'NE SCHNECKE ANGRABEN

Sprache und Sprüche der Jugendszene

GOLDMANN VERLAG

1. Auflage November 1984 · 1.–50. Tsd.

Made in Germany
Genehmigte Taschenbuchausgabe

Umschlagentwurf: Design Team München
Druck: Elsnerdruck GmbH, Berlin
Verlagsnummer: 6747
ST · Herstellung: Sebastian Strohmaier
ISBN 3-442-06747-2

Inhalt

»Ich hatte schon eine Menge gelernt. Ich kannte nicht nur die Musik, auf die sie standen, ich hatte auch ihre Sprache gelernt. Die war anders, wie alles bei ihnen. Ich hatte mich ganz auf die neuen Ausdrücke konzentriert, die ich von ihnen hörte. Das war mir wichtiger als Englischvokabeln oder Mathematikformeln.«

Christiane F.[1]

Vorwort

Schüler mit Bock auf gar nichts sucht Gleichgesinnte für keinen Briefwechsel.

So paradox wie dieses Inserat ist die Lage vieler Jugendlicher: Mal werden sie als Kinder gesehen, mal als Erwachsene – meist als nichts von beidem. Die Situation ist folglich schlicht schizophren und damit schwer auszuhalten – *nicht zum Aushalten* ist allerdings für viele Jugendliche der Ausweg aus der Misere, den die Älteren für sie vorgesehen haben: Ihr müßt so werden wie wir! Die Reaktionen sind eher sarkastisch: *Null Bock! Wir machen uns unsere Katastrophen selber* – oder: *Ihr wollt nur unser Bestes, doch das kriegt Ihr nicht!*

Um dem Zugriff zu entgehen, bauen sich die Jüngeren Reservate aus, in denen sie versuchen, etwas Eigenes zu gestalten. Wenn man bedenkt, daß die menschliche Existenz zutiefst sprachlich ist, dann gehört der jugendliche Wort- und Sprüche»schatz« zu den entscheidenden Elementen dieses Selbstgestaltungsversuches – im wahrsten Sinne des Begriffs. In seiner althochdeutschen Urform bedeutet »scaz« ein Stück Vieh, später, bei den Minnesängern des 13. Jahrhunderts, wurde mit diesem Begriff eine begehrenswerte Frau bezeichnet. Heute ist manchem der vertraute Partner in einem intimen Verhältnis ein »Schatz«.

Der jugendliche Wort»schatz« scheint von all dem etwas zu enthalten: Er ist ein erstrebenswertes Gut und unveräußerlicher Besitz, Ausdruck von Intimität und Symptom einer gemeinsam und gleich empfundenen Lage. Vielleicht ist er auch noch mehr – vielleicht stimmt die Art und Weise manchen Erwachsenen nachdenklich, wie in der Sprache der Jugendszene alles das, was Menschen betrifft und betroffen macht, zum Ausdruck drängt. Wem beim Lesen dieses Buches die eine oder andere Vokabel bzw. Redewendung die Sprache verschlägt, der mag sich die Frage stellen, ob sich hier tatsächliche Unbotmäßigkeiten und Sprachverfall ankünden – oder ob darin nicht nur seine große Entfernung zur jungen Generation deutlich wird. Denkbar ist aber auch, daß mancher etwas entdeckt, was er für sich selbst längst schon verloren glaubte.

Sprachverhunzung?

Der Streit dauert einstweilen fast zweitausend Jahre an. Die Schriftgelehrten reden viel und gegeneinander – wer hinhört, ist durcheinander: War Maria nun eine Jungfrau oder war sie keine?
Zugegeben – heutzutage ist es den meisten gleich, wer diesen Streit einmal verliert. Verloren haben ihn aber bereits mitsamt ihrem Kopf unzählige Menschen in der Geschichte des Christentums. Sie wurden umgebracht, weil ihnen eine jungfräuliche Mutter absurd erschien. Oder anders formuliert: Systeme – d. h. diejenigen, die es sich darin bequem gemacht haben – können es nicht gut leiden, wenn man seinen eigenen Kopf hat.
Auch die Sprache ist ein System. Auch hier hört der Spaß beizeiten auf. Bei den antiken Griechen war derjenige, der fremde Laute von sich gab, ein »Barbaros«. Diese lautmalerische Etikettierung des »Nichtgriechen«, also desjenigen, der nicht dazugehörte, war vielleicht gar nicht bös gemeint – dennoch: Seitdem taucht dieser am Anderssprechen festgeknüpfte Begriff meist auch dort auf, wo gemetzelt wird.
Mit der Sprache fängt es an – auch bei dem Zank um die Jungfrau. Philologen weisen jedenfalls darauf hin, daß im Alten Testament »nur« von einer »jungen Frau« die Rede sei, die einen Sohn gebären würde ...
Erst bei den Verfassern des Neuen Testaments sei von einer »Jungfrau« zu lesen – und das trotz ihres Bemühens, peinlichst genau an die alten Schriften anzuknüpfen. Brachte ein sprachliches Mißverständnis den kleinen anatomischen Unterschied mit seinen großen Folgen ins Spiel?
Wie auch immer – was die einen nachzuweisen versuchen, können die anderen schwer akzeptieren: daß nämlich die

sprachliche »Schlamperei« von gestern die Regel von heute sein soll – und die »Sprachverhunzung« von heute eventuell morgen im Duden steht.
Was also soll man tun – *Bock* auf sprachliche Neuschöpfungen haben oder sich empören? Die mauernsprengende Musik mit der Tochter gemeinsam *schweinegeil* finden oder den Niedergang der Kultur beklagen?
Wohl keines von beidem: Wer sich bei den Jüngeren sprachlich anbiedert, macht sich lächerlich *(Du nix sprechen Deutsch?)* – wer sich pauschal entrüstet, ist schnell blamiert. Dreist, unmoralisch und anstößig wird das jugendliche Vokabular oft erst in Kopf und Phantasie derer, die sich selbst und ihren eigenen Sprachgebrauch zum Maßstab nehmen. Sie sind selbst ertappt, wo sie andere glauben ertappt zu haben.
So ist eher der Versuch lohnend, der Sprache und den Sprüchen der Jugend Bedeutungen anzuprobieren, die über den Vorwurf von Sprach- und Sittenverderb hinausgehen – Bedeutungen, die sowohl die Urheber als auch die Verursacher des Jugendjargons berücksichtigen. Letztere vielleicht als jene, die mit ihrem verbrauchten Vokabular nicht mehr sagen können, was ihnen gefällt und weniger gefällt, was sie hoffen und was sie fürchten – und deshalb mit den Worten niemals fertig werden.
Den meisten Jugendlichen dauert das alles jedenfalls zu lange, und sie haben die Hoffnung aufgegeben, daß da noch jemand zur Sache kommt. Für sie ist die Fortbewegung der Älteren beim Sprechen der Eiertanz, und sie ahnen vermutlich auch, warum: Wer zur Sache kommt, muß Farbe bekennen, muß sich festlegen, kann sich nicht mehr »alle Optionen offenhalten«. Deshalb klingen offizielle Verlautbarungen, um ein beliebiges Beispiel herauszugreifen, dann so:
»Die Kirche muß sich mehr für das konkrete Leben junger Menschen interessieren, offener für Fragen werden und mehr Freiräume für eigene Entscheidung und Mitverantwortung . . .« Man darf wohl getrost davon ausgehen, daß an

solch einem Satz von den Verantwortlichen gefeilt wurde, ehe er über die Medien lief. Deshalb kann es auch nicht boshaft oder spitzfindig sein, wenn man dazu einige Fragen stellt:
Was ist der Unterschied zwischen dem »Leben« eines Jugendlichen und seinem »konkreten Leben«?
Was kann der Jugendliche sich davon versprechen, daß man bisher für seine Fragen »offen« war, jetzt aber »offener« wird?
»Freiräume für eigene Entscheidung und Mitverantwortung« sind fein – aber wo und wie?
Das Ganze ist vermutlich so vielseitig auslegbar wie ein Vexierbild – es enthält alles mögliche und deshalb für die Angesprochenen nichts. Für diese Fälle haben sie ihre Antworten auch schon an den Bauzaun gemalt:

Freiheit für Grönland – weg mit dem Packeis!
Nieder mit dem Watzmann – Freie Sicht auf Südtirol!
Edel sei der Mensch, Zwieback und gut!

Salopper »Nonsens-Sprüche-Spaß«, Aufforderung zur Selbstverspottung, souverän-ironischer Kommentar, Botschaften aus der »Null-Bock-Schmollecke« – vieles läßt sich da hinein- oder herausinterpretieren. Ein gemeinsamer Nenner ist aber wohl doch auszumachen: Für die meisten der jüngeren Generation ist die Sprache vorgegebenes Spielmaterial, das erst dann Vergnügen bringt, wenn man sich von den vorgedachten Spielplänen löst. Je strenger aber die Spielregeln und je verbindlicher die Vorlagen sind, desto fader wird über kurz oder lang das Spiel – bis es sich selbst am Ende aufhebt. Es verhindert seinen eigenen Zweck: die Kehrseite vieler versuchter Perfektionierungen im Bereich des Zwischenmenschlichen.
Genau in dem spielerischen Umgang mit der Sprache scheint sich der Zugang zum jugendlichen Sprechen und zur jungen Generation selbst zu eröffnen:

»Der Mensch spielt nur, wo er in voller Bedeutung des Wortes Mensch ist, und er ist nur da ganz Mensch, wo er spielt.« Nach Friedrich Schiller hört der Spaß dann wohl da auf, wo der spielende Mensch nicht ernstgenommen wird.

Schlupfwinkel der Sprache

Des Menschen Wort ist wie eine gesprungene Pauke, auf der wir eine Melodie heraustrommeln, nach der kaum ein Bär tanzt, während wir die Sterne bewegen möchten.

Gustave Flaubert[2]

Wenn Pimo in die Disco geht, um *eine Alte aufzureißen,* ist er sprachlich auf der Höhe seiner Zeit und Clique – sein Wünschen und Wollen freilich ist so zeitlos wie Essen und Trinken.

Pimo aber ist die Vorstellung ein Greuel, den Fußspuren seiner Eltern zu folgen, und genauso geht es der *Schnecke*, die ihn *angetörnt* hat:

Mach mich nicht an, Alter! Auf Deinem Typ steh' ich nicht! Pimo – nur nicht ausklinken – geht flippern. Danach wird er versuchen, eine andere *Tussi anzugraben.* Schließlich ist Pimo kein *Schlaffi.* Er wird seinen *kleinen Wuschermann* schon machen. Und wenn dann eine *Gretel voll auf ihn abfährt* – Pimo ist zum Troste seiner Eltern wachsam: Er wird ihr keinen *Braten in die Röhre schieben.* In der Verhütung kennt er sich aus – also keine *Panik auf der Titanic!*

Pimos rhetorische Grundausstattung ist für Feministinnen zum (Auf-)Heulen, und seinen Eltern würde sie, falls ihr Gehör mitmacht, die Sprache verschlagen. Vielleicht wird der eine oder andere aber auch an etwas erinnert, was er für sich schon längst verloren gegeben hat.

Angraben – anmachen – aufreißen – in der einschlägigen Literatur von Sprachwissenschaftlern, Sprachphilosophen und -kritikern gibt es für Pimo wenig Schmeichelhaftes:

»Entwürdigende Worte bereiten die entwürdigende Tat vor!«[3] (Pankraz)
Was führt Pimo im Schilde?
»Die Grenzen meiner Sprache sind die Grenzen meiner Welt!«[4] (Wittgenstein)
Ist Pimo beschränkt?
»Wir denken im Geleise der Sprache!«[5] (Hofstätter)
Auf welche Bahn ist Pimo geraten?
»Eine verkommene Sprache ist das System einer verkommenen Gesellschaft!« (K. Kraus)
Ist Pimo das Produkt der sozialen Verhältnisse?
»Wer Mensch sagt, sagt Sprache!«[6] (Freud)
Wer ist also Pimo?

Pimo ist achtzehn Jahre alt, wohnt bei seinen Eltern und ist Auszubildender. Auch amtlicherseits ist es korrekt, wenn man »Azubi« sagt. Was dies bedeutet, ist in einer atemberaubenden Formulierung festgelegt:
»Auszubildende sind im Rahmen der Ausbildung von Ausbildern auszubilden.«
So glatt kann Pimo das, was mit ihm passiert, nicht definieren – vielleicht, weil es nicht so glatt läuft. Wohl bemüht man sich um ihn, wohl ist alles gut organisiert und vielleicht auch durchdacht – aber die »Sandkastenspiele«, die die Erwachsenen für ihn inszenieren, wollen einfach nicht enden. Was immer er tut, bleibt für seine Umwelt wirkungslos, ohne ernsthafte Konsequenzen, wird außerhalb seines Ausbildungsbereiches kaum ernstgenommen. Auf dem Papier steht zwar, daß Pimo »wahlberechtigt«, »deliktfähig«, »prozeßfähig«, »geschäftsfähig« und »strafmündig« ist – er aber hat das Gefühl, daß die Welt sich auch ohne ihn dreht.
Wie, fragt sich Pimo, kann man mit Eifer Fußball spielen, wenn es keine Tore zu schießen gibt?
Wie kann man die ständigen Ratschläge ertragen, wenn man im Grunde doch nicht darf?

»Ratschläge«, sagen Pimo und viele seiner Altersgleichen, *Ratschläge sind auch Schläge.*

Pimo hängt also zwischen Baum und Borke, er ist nicht mehr Kind – aber auch noch nicht Erwachsener. Das aber heißt, daß der Lebenserfolg ausbleibt. Als Kind war er in der »Ernsthaftigkeit« des Spiels zu haben, über das schrittweise Entdecken und »spielerische« Gestalten der Welt – und als Erwachsener? Da ist sich Pimo noch nicht so ganz sicher – erscheint ihm doch der erfolgreiche Wohlstandsbürger eher als jemand, der sein Leben gründlich verpfuscht hat.
So sitzt er nun zwischen zwei Stühlen und muß sehen, wie er den Zwischenraum einigermaßen erträglich ausgestaltet – einen Raum, der zum Bleiben gar nicht vorgesehen ist, in dem aber immer mehr Jugendliche immer länger ausharren müssen. Pimo und seinesgleichen werden mit einer Situation konfrontiert, die für den Menschen neu ist – für die Älteren wie für die Jüngeren. Bei den Naturvölkern dauerte die Übergangsphase zwischen Kindheits- und Erwachsenenstatus manchmal nur wenige Tage. So wurde beispielsweise der heranwachsende Mensch im Rahmen einer Reifeweihe »beerdigt«, um kurz darauf als »Erwachsener« mit allen üblichen Rechten und Pflichten wieder »aufzuerstehen«. Das Kind mußte also erst symbolisch sterben, um als Erwachsener leben zu können; es mußte vorübergehend die Gemeinschaft verlassen, um anschließend als vollwertiges Mitglied wieder aufgenommen zu werden. Dies alles lief unter der Kontrolle der Erwachsenen, war ein minutiös festgelegtes Ritual ohne Eventualitäten und Überraschungen und erfüllte seinen Zweck: Die Generationen fügten sich nahtlos aneinander.
Einstweilen haben sich die Umstände geändert, und niemand möchte wohl ernsthaft zurück in die Steinzeit.
Die Reifeweihe als »konkrete Lehre durch Handlungen

statt durch viele Worte«, wie sie der Völkerkundler R. Thurnwald forderte, gibt es nicht mehr – vielmehr gibt es für den Heranwachsenden nicht enden wollende Worte.
Pimo und seine Altersgenossen aber inszenieren sich ihre »Initiationsrituale« selbst – sie setzen sich von der übrigen Gesellschaft ab und bauen sich Schlupfwinkel aus, in denen sie eigene Vorstellungen vom richtigen Leben zu entwickeln und verwirklichen suchen. Sie steigen (vorübergehend?) aus, wie ihresgleichen in früheren Zeiten – allerdings weitgehend außerhalb der Kontrolle durch die übrige Gemeinschaft.
Dies aber macht argwöhnisch, nährt die Angst der »Etablierten«, daß sich da etwas verselbständigen könnte, was die allgemeine Gemütlichkeit stört. Soziologen und Psychologen reden von Traditionsabriß, Identitätsproblemen, Legitimationskrisen und -defiziten; die Politiker verkünden den Dialog, der anzubieten und zu suchen sei; resignierende Eltern beschwören die Vergangenheit: »Als ich in Deinem Alter war . . . und überhaupt . . .!« Hilflos sind sie alle angesichts der gepfefferten Botschaften der Vorhut der Abtrünnigen:

Politik macht krank – wir machen Punk!
Legal – illegal – scheißegal!
Null Bock!

Pimo findet solche Sprüche gut. Wo immer er sie sieht – an der Hauswand, in der U-Bahn, auf dem Klo – es geht eine Trostwirkung von ihnen aus, er ist mit seinem Unbehagen nicht allein.
Da gibt es also noch andere, die den »Anschluß an die Horde« verloren haben bzw. die Gefolgschaft verweigern – er erkennt sie an der Sprache und kann sich selbst über die Sprache zu erkennen geben. Dies ist wohl genau der Punkt, an dem man die Jugendlichen um ihre Art des Sprechens beneiden und selbst nachdenklich werden kann: Pimo und seinesgleichen machen aus dem Sprechen ein soziales Ereignis, in dem etwas

erlebt wird und in dem sie sich gegenseitig erleben. Ein wenig erinnert das an Konrad Lorenz und seine Geschichte von den Gänsen, die abends in ihrem Stall hocken und lebhafte »Kommunikation« betreiben. »Wiwiwiwi!« ertönt es aus der einen Ecke – »wiwiwiwi«, antwortet es aus der anderen. Jedes Mitglied der Gemeinschaft kommt in regelmäßigen Abständen mal zum Zuge und erhält seine Antwort: »Wir wissen, daß Du da bist – und Du bist nicht allein.«

Man kann aus dem Verhalten des Federviehs getrost eine Urfunktion der menschlichen Sprache ableiten – nämlich sozialen Wetterschutz abzugeben, heimelige Geborgenheit nach innen und Geschlossenheit nach außen zu gewähren. »Die Sprache ist das Haus des Seins«, meint der Philosoph Martin Heidegger. Um sich unter diesem Dach »behaust« fühlen zu können, müssen allerdings die Worte weniger »aus dem Kopf«, dafür aber um so mehr »aus dem Bauch« kommen: Anteilnahme und Abstraktion schließen einander aus. Wer druckreif spricht, Metonymie und Periphrase, Chiasmus oder Präterition wie Cicero wohl zu plazieren weiß, sich der Mühe eines jeden Begriffs unterwirft und über saubere Definitionen auch die letzte Unklarheit aus der Welt schaffen möchte, nein, der kann im Umgang wirklich nicht angenehm sein.

Um die Sprache des zwischenmenschlichen Umgangs geht es aber, um Worte, bei denen der Sprecher selbst etwas empfindet und bei denen andere mitempfinden können – und deshalb fährt man mit Aristoteles wohl gar nicht schlecht: »Der Gebildete treibt die Genauigkeit nicht weiter, als es der Natur des Gegenstandes entspricht.«

Wie weit man die Genauigkeit treiben kann, führen uns Ämter, Behörden und Wissenschaftler ständig vor:

Die durchschnittliche Koitushäufigkeit liegt zum Beispiel in der Gesamtbevölkerung je nach Schulbildung zwischen 1,87- und 5,05mal die Woche. Daraus ergeben sich im Schnitt pro

Familie 1,3 Kinder, von denen die eine Hälfte weiblichen und die andere Hälfte männlichen Geschlechts ist.

Was dem Wissenschaftler recht ist, ist immer mehr Zeitgenossen billig. Dieser Satz scheint zum Beispiel immer beliebter zu werden: »Ich will mal versuchen, meine Beziehung zu Dir zu definieren.« Oder als Aufforderung: »Wie definierst Du eigentlich Dein Verhältnis zu mir?«
Dabei kann es dann zur Umdefinition einzelner Aspekte kommen, manchmal wird gar die ganze Beziehung neu definiert – nicht selten ist das alles noch von Selbstdefinitionen und dem Vorwurf der Falschdefinition begleitet. Für eine Partnerschaft bedeutet das allemal nichts Gutes, denn schon der Versuch einer sauberen Begriffsklärung von Seelischem führt geradewegs ins psychologische Wörterbuch. Und da kommt zur persönlichen Auseinandersetzung noch die nie enden wollende der Fachleute hinzu.
Genauigkeit und Abstraktion machen das Leben so spannend wie eine Logarithmentafel – wer heiße Küsse als Berührungen der oberen Enden zweier Verdauungskanäle begreift, wird keine mehr erleben.
Menschen, die ein inniges Verhältnis zueinander haben, ahnen das – sie spüren, daß seelische Regungen und Empfindungen nicht auf einen Begriff zu bringen sind. Deshalb auch kultivieren sie jenen »sprachfreien Rest«, verwenden Worte und sprachliche Bilder, in denen das Unsagbare wenigstens anklingen kann. Sie wissen, daß definieren eigentlich »wegdefinieren« heißt – und daß in Bereichen, in denen es nur fließende Übergänge gibt, nichts voneinander abzugrenzen ist.
Die berühmte Fangfrage des griechischen Philosophen Eubulides von Megara lautet denn auch:
»Wie viele Körner ergeben einen Haufen?«
Man könnte viele solcher Fragen stellen:

Ab wann ist der Mensch ein Mensch? Bei der Befruchtung? Bei der Zellteilung? In welchem Stadium der Zellteilung? Bei der Geburt?
Wann ist ein Kind ein Jugendlicher? Wann ist ein Jugendlicher erwachsen?
In welchem Augenblick ist der Tag vorbei und die Nacht da?

Was heißt das eigentlich, wenn jemand traurig ist? Im psychologischen Lexikon findet man Begriffe wie »normale Trauer«, »pathologische Trauer«, »Melancholie« und die »Trauerarbeit« als »intrapsychischen Vorgang«. Trauer, heißt es weiter, das ist »eine Form der Reaktion auf einen Person-(Objekt-)Verlust«.
Wer wirklich traurig ist, wird sich für diese lexikalischen Definitionen bedanken. Es sei denn, er legt Wert darauf, sich rauszuhalten, sich nicht über jenen »sprachfreien Rest« erkennen zu geben. Psychotherapeuten wissen ein Lied davon zu singen.
Am wenigsten zu helfen ist jenen Patienten, die nicht »durchhängen« oder »von der Rolle« sind, sondern mit dem Psychotherapeuten über Geburtstraumata, Ego-Zustände und Internalisierungen »fachsimpeln«. In diesen Gesprächen zeigt sich besonders eindrucksvoll, wie Begriffe sich verselbständigen können und am Ende mit der betreffenden Person aber auch überhaupt nichts mehr zu tun haben. Nachdem nämlich das seelische Befinden des Patienten von diesem selbst in pure Begrifflichkeit aufgelöst ist, legt er als »Träger« von Symptomen und Problemen dieselben auf den sprichwörtlichen Tisch. Und da liegen sie dann, jene Plagegeister wie »Midlife-crisis« und »psychovegetative Dystonie«, »Identitätskrise« und »Autoritätsfixierung«, »Ödipuskomplex« und »Urmißtrauen« – und werden, bitte schön, dem Psychotherapeuten zwecks Analyse und Behandlung überlassen. Die Flucht in sterile Begriffe bedeutet im Klartext aber nichts anderes als: »Komm mir nicht zu nahe! Laß

mir meine Fassade! Emotionen? Nein – Emotionen lasse ich mir nicht vorwerfen!«

Gefühle werden mit Schwäche gleichgesetzt, Gefühlsausbrüche mit mangelnder Selbstkontrolle und Unberechenbarkeit. Das Zusammenleben – ein Pokerspiel. Damit man das durchhalten kann, haben Psychologen einen besonders raffinierten Kniff erdacht und propagiert. Wer ihn »drauf« hat, so die wissenschaftliche Verkündigung, kann viel Segensreiches bewirken. Die Bezeichnung dieses Zaubermittels läßt allerdings eher Schlimmes ahnen: »Verbalisierung emotionaler Erlebnisinhalte« – kurz »VEE«. Wenn man das gut beherrscht, ist »das sprachliche Verhalten (. . .) in seiner Art weitgehend unabhängig vom Zufall und der persönlichen Individualität (. . .)«.[7]
Die »Sprache des Lochstreifens« also als Ideal! Keine spontane Äußerung, keine persönliche Marotte mehr – was zählt, ist das Kalkül.
Man muß tüchtig trainiert werden, um dahin zu kommen – aber ist das eigene Sprechen erst einmal weitgehend vom Zufälligen und Individuellen »gereinigt«, läuft es etwa so ab:

A (ahnungslos, da nicht trainiert): »Es ist ja schon wieder ganz schön spät geworden!«
V (in »VEE« trainiert): »Es betrübt Dich, wenn ich unpünktlich bin, nicht wahr?«
A: »Sauer bin ich! Du könntest ruhig mehr Rücksicht auf mich nehmen.«
V: »Du wünschst Dir also, daß ich Deine Bedürfnisse stärker beachte – Du hast das Gefühl, daß Du zu kurz kommst, ja?«
A: »Ich glaub', mich streift ein Bus! Du machst doch immer, was Du willst!«
V: »Ist es so, daß Du Dich von mir nicht richtig akzeptiert, ja oft übergangen fühlst?«
A: »Du hast es geschnallt! Und überhaupt – auf der einen

Seite erwartest Du, daß ich hübsch zu Hause hocke und auf Dich warte – und wenn Du dann irgendwann endlich auftauchst, soll ich auch noch fröhlich sein!«
V: »Irgendwie bist Du dann deprimiert und kannst Dich nicht mehr spontan freuen.«

Das kann lange so weitergehen – aber irgendwann geht A in die Knie.
V hat dabei natürlich keineswegs ein schlechtes Gewissen – im Gegenteil: Er hat alles, was gemeinhin als boshaft bezeichnet wird, unterlassen – er hat Vorwürfe nicht heruntergespielt, sich nicht herausgeredet, keine Gegenrechnung aufgemacht, nicht angegriffen, nicht bockig reagiert; statt dessen hat er versucht, die wahren Gefühle seines Gesprächspartners zu erkennen und zu formulieren. Diese Methode ist, zumindest vom Ergebnis her gesehen, hinterhältig. Das ahnungslose Gegenüber wird »auf die Couch« verfrachtet, denn, daran wird kein Zweifel gelassen – er hat ein Problem, nein, er *ist* das Problem. Er kann klagen, toben, schimpfen und wird doch immer nur auf sich zurückgeworfen: »Du fühlst Dich jetzt . . .« Polemisch überspitzt bleiben ihm nur zwei Möglichkeiten angesichts der undurchdringlichen Kruste rationaler Freundlichkeit: resignieren oder Amok laufen.
Nun sind freilich die Erfinder dieser Methode keineswegs so einfältig, diese Problematik nicht zu erkennen. Sie fordern nämlich die Verwender auf, sich ihren Gesprächspartnern gegenüber »echt« zu verhalten und eine »positive Einstellung« zu haben. Was sich vordergründig recht gut anhört, entpuppt sich jedoch als Widerspruch – unklar ist nämlich, wie man echt sein kann, wenn man nicht spontan sein darf; unklar ist auch, wie man positiv eingestellt sein kann, wenn man die persönliche Individualität ausschalten soll.
Hier geht es wohl um die gebackenen Schneebälle, es wird etwas gefordert, was aber auch überhaupt nicht in der Macht des einzelnen liegt. Gefühle und Einstellungen hat man oder

hat man nicht – per Knopfdruck kann man sie sich nicht beschaffen. Die bloße Forderung, doch bitte zu anderen eine positive Grundeinstellung zu haben, ist so löblich wie vergebens: Genausogut könnte man jemanden auffordern, sich schnell mal halb krank zu lachen. Man muß ihm da schon einen recht guten Witz erzählen.

Für Pimo – um ihn nicht zu vergessen – ist das Gerede der Älteren häufig ein schlechter Witz. Er erinnert sich noch recht gut an einen Lehrer, der ein besonders »inniges« Verständnis für die Jugend hatte: »Pimo, ich glaube, Du bist nicht so recht motiviert für dieses Thema. Wir wollen doch einmal gemeinsam überlegen, wie . . .«

»Pimo, das ist sehr interessant, was Du gesagt hast – aber jetzt wollen wir einmal hören . . .«

»Pimo, sicher wolltest Du nicht absichtlich . . . – aber vielleicht siehst Du einen Weg, wie . . .?«

Während der Lehrer die Reinheit seines theoretisch-pädagogischen Denkens über alles stellt, sieht Pimo keineswegs einen Weg, sondern rot. Sicher aber spricht ihm der Dialog zwischen den Pädagogen Dr. Wolfgang Sachs und Professor Hartmut von Hentig[8] aus der Seele:

Sachs: » . . . vielleicht sind die Schulen zu glatt. Man rutscht ab. Wenn jemand (. . .) sehen will, was er kann, wie er auf andere wirkt, was die von ihm halten oder was er von sich selber zu halten hat, dann muß irgendwie Spannung, Leben, Streit, Konflikt mit im Spiel sein. (. . .).«

Von Hentig: »(. . .) *Glattheit* sehe ich vor allem in der Pädagogisierung des Unterrichts. (. . .) Wirkliche Freundlichkeit läßt Streit- und Unmutsäußerungen zu. Die Schooltalk-Freundlichkeit unterdrückt sie und bringt dadurch Aggressivität hervor.«

Die »Glattheit«, die Hartmut von Hentig hier anspricht, macht sich in allen möglichen Lebensbereichen breit. Längst werden neben Eltern und Lehrern unzählige Vertreter der »helfenden Berufe« wie Krankenschwestern, Sozialarbeiter,

Sozialpädagogen, Psychologen, Pastoren etc. einschlägig trainiert und bei Erfolg ihrer Individualität im Gespräch beraubt.
In Rollenspielen bimsen sie, wie man seine Klientel zu beobachten hat, Äußerungen seziert und im Sinne der Methode verwertet.
Eingeübt wird hier der »kalte Blick«, also das Vermögen, derart auf Abstand zu gehen, daß man nicht gefühlsmäßig mitschwingt oder gar reagiert – eingeübt wird eine Pflicht, die Oscar Wilde, der verwöhnte Liebling der Londoner Gesellschaft, als die wichtigste im Leben bezeichnete: »So künstlich zu sein, wie möglich.« Letztlich heißt das, eine Rolle so zum zweiten Ich werden zu lassen, daß man nicht mehr »herausfallen« kann oder es sich zumindest nicht mehr traut.
Pimo aber fällt ständig recht gern aus der Rolle und muß sich deshalb von dem Rhetorikprofessor Walter Jens einen bösen Vorwurf gefallen lassen: »Durch die Fähigkeit, sich auf diese Weise (gemeint ist die Jugendsprache) mit ganz wenigen Worten verständlich zu machen, wird fraglos ein differenzierter Stil immer mehr abgetötet. (...) Die Sprache wird simpler, brutaler und eindeutiger.«
Das ist doch Asche – so würde Pimo vielleicht kontern und dem Professor empfehlen, nicht *den Harten rauszulassen.* Diese Anspielung auf das phallische Imponieren eines Wache sitzenden Mantelpavians ist so eindeutig wie wenig differenziert – aber immerhin offen und ehrlich. In einer Welt, in der vor allem taktische Finesse zählt, ist das nicht wenig.
Sicher ist Walter Jens zuzustimmen, wenn er beklagt, daß beispielsweise auch Studenten der Germanistik immer undifferenzierter formulieren und sich mit simplen Hauptsätzen begnügen. Andererseits aber verlangt niemand von einem, der mit dem Hammer statt des Nagels den Daumen getroffen hat, daß er dieses Ärgernis mit geschliffenen Formulierungen unter Gebrauch von Relativsätzen und Konjunktionen kommentiert. Die Sprüche der Jungen haben

sicher sehr viel mit Katharsis, mit Seelenreinigung, zu tun, und vielen Erwachsenen würde es gar nichts schaden, wenn sie diese Funktion der Sprache für sich wieder neu entdecken würden.

Von Oscar Wilde stammt der Satz, daß schlechte Poesie echtem Gefühl entspringe. Wenn dem so ist, müßte man die Frage klären, ob es wichtiger sein soll, »schön« oder aber halbwegs aufrichtig zu sprechen.

Pimo jedenfalls denkt: *Lieber lebendig als normal.* Pimos Gedanke ist nicht übel, wenn man bedenkt, daß achtzehn Mitarbeiter des Hamburger Kultursenators in ihrem »Kulturbericht 82« anscheinend den folgenden Satz für normal halten:[9] »Eine demokratische Kulturpolitik hat innerhalb einer pluralistischen Gesellschaft und angesichts so komplizierter Kulturvermittlungssysteme die Aufgabe, einen demokratischen Kulturbegriff aufrechtzuerhalten und ...«

Die Mitarbeiterin in der Kulturredaktion der Wochenzeitschrift »Die Zeit«, Dr. Petra Kipphoff, mutmaßt in einem Kommentar, daß Karl Valentin diesen Satz gern geschrieben hätte. Da diese Formulierung aber nicht parodistisch gemeint war, kann man sich in Anlehnung an den Satiriker Gabriel Laub kaum vorstellen, daß auch das Hirn der Verfasser letztlich »an einem Darm hängt«. Vermutlich haben sie sich in Denken und Sprache schon so vollständig vom Leben und Lebendigen abgekoppelt, daß sie die Scheinwirklichkeit der hochtrabenden Worte für die Realität halten. Der Individualpsychologe C. G. Jung trifft wohl den Nagel auf den Kopf: »Sein ist schwieriger und wird daher gern durch Worte ersetzt.«

Eine solche Gedanken- und Wörterwelt ist für Pimo jedenfalls *tote Hose*, und er kann sich beim besten Willen nicht vorstellen, daß da jemand sein Lebensgefühl teilt.

Tierpsychologen berichten von einem interessanten Experiment,[10] bei dem man das Gefieder einer Möwe mit Farbe bekleckste. Von dem Moment an war sie anders als die

anderen – und das war ihr Fehler: Sie wurde von den Artgenossen attackiert.
Pimo und seinesgleichen bringen sich die »Farbtupfer« selbst bei – auch das trifft auf wenig Gegenliebe, hat aber den Vorteil, daß Pimo nun erkennen kann, wer Art und Inhalt seiner Mitteilungen am ehesten mit ihm teilt. Da das nicht wenige sind, kann Pimo ein wenig überheblich spotten, daß ein Jugendlicher ohne zustimmendes Wohlwollen der Älteren wie ein *Fisch ohne Fahrrad* sei. Viele seiner Freunde formulieren da aggressiver:

Wir sind die, vor denen uns unsere Eltern immer gewarnt haben.

Hier, Pimo, liegt aber auch der große *Knackepunkt* – nicht in der provokanten Formulierung, sondern in dem Unterton von Selbstgenügsamkeit und -gefälligkeit.
Die Losung: »Wir bleiben unter uns!« bringt zweifellos Nestwärme ein – aber diese hat ihren Preis, der bekanntlich mit dem Mangel an Alternativen steigt.
Eigentlich wäre es schade, wenn die Suche nach neuen Wegen, einem individuellen Profil und anderen Ausdrucksformen da enden würde, wo sie der amerikanische Kulturkritiker Jacques Theoreau enden sieht: »Der Nonkonformist (leicht nuancierend übersetzt) tanzt über kurz oder lang nur nach einer anderen Pfeife.«
Wie gesagt: Systeme – d.h. diejenigen, die es sich darin gemütlich gemacht haben – können es nicht gut leiden, wenn man seinen Kopf für sich hat. Unversehens kann so aus dem Schlupfwinkel, in dem Möglichkeiten des Andersseins erprobt werden sollten, ein Keller werden, in dem alle traut beisammen sitzen und *Erdgas zersägen* oder *nach Ketchup bohren.*

Auf der Szene

»Hier ist denn auch der Punkt, wo die alte Frage nach dem ›guten‹ und dem ›schlechten‹ Deutsch in die zweite Reihe zurücktritt.

Sie haben etwas Besseres: sie haben ›ihre‹ Sprache.«

W. E. Süskind[11]

Es ist 8.45 Uhr.
Aus allen Richtungen strömen die Menschen in die Haupthalle des großen Verwaltungsgebäudes und stauen sich vor dem Paternoster: Außer Betrieb! Wegen Reparaturarbeiten vorübergehend geschlossen! Nein – auf dem Schild steht zur allgemeinen Überraschung etwas ganz anderes. Es ändert am Sachverhalt überhaupt nichts, und doch lesen die Leute schmunzelnd und nehmen versöhnt die Treppe in Kauf. Das spontane Einverständnis mit den Maßnahmen der Hausverwaltung bewirkt nur zwei Sätze:

Lever Paternoster!
Wi hävt Di gern un wi wünscht gode Beterung.

Niemand käme hier auf die Idee, die Frage nach dem »guten« oder »schlechten« Deutsch zu stellen. Vielleicht, weil diese Sätze nicht nach Leitungs-, sondern eher nach Quellwasser schmecken. Der Publizist W. E. Süskind unterscheidet denn auch in seiner deutschen Sprachlehre »Vom ABC zum Sprachkunstwerk« zwischen einem Deutsch in »Wolkenhöhe«, einem Deutsch im »Erdenstaub« und einem Deutsch in »Quellentiefe«. In den Wolken bewegt sich unsere hohe

Dichtersprache, am Boden, leicht »staubig und müde«, unsere alltägliche Umgangssprache – aus der »Quellentiefe« aber kommt die Mundart, jenes Deutsch, das »der innere Mensch spricht«.
Man darf wohl annehmen, daß diese Ausdrucksebene einiges mit der Jugendsprache gemein hat: Unbefangenheit, die Neigung zu bildlichen Sprachformen, Verzicht auf gedankliche Pedanterie.
Die folgende Sammlung jugendlicher »Sprüche« und Redewendungen ist aus dieser Perspektive zusammengestellt – als ein Deutsch aus der »Quellentiefe«, das weder »staubig« noch »müde« ist und sehr viel mit denen zu tun hat, die es sprechen.
Gegliedert ist das Ganze nach Themenfeldern, die Jugendliche am meisten betreffen und in denen folglich Betroffenheit auch am deutlichsten sprachlich umgesetzt wird.

Die Zweierkiste

Regeln für das Liebeswerben:
»Indem Du in allen Dingen den Befehlen der Dame gehorchst, sollst Du stets darauf bedacht sein, Dich dem Liebesdienst zu widmen ... Im Geben und Empfangen der Liebesdienste sei stets bescheiden ... Du sollst stets wohlgesittet sein.«
Diese Empfehlung gab Andreas Capellanus in seinem Traktat *De amore* vor 800 Jahren.[12]

M-T: Bene, wie findest Du das Zitat?
Bene: Hab' ich das richtig geschnallt? Was soll das?
M-T: Lies bitte noch mal!
Bene: Wer ist denn das, der da so rumsülzt?
M-T: Einer, der schon fast 800 Jahre tot ist.
Bene: Ist gebongt!
M-T: Gilt das, was der sagt, für Dich und Deine Freunde?
Bene: Ich glaub', mein Hamster bohnert – das ist doch Asche!
M-T: Hast Du eine Freundin?
Bene: Gehabt – mit meiner Alten läuft es nicht mehr. Die ist voll auf einen anderen Typen abgefahren – so einen mit reichlich Knete und geilen Klamotten. Wahrscheinlich auch noch mit 'ner echt abgefahrenen Wohnung, wie ich sie nicht bieten kann.
M-T: Bist Du drüber weg?
Bene: Na ja – zunächst war ich ziemlich finster drauf, bin echt ausgeklinkt. Ich fand das von Susi einfach unheimlich abgespitzt. Kommt da einfach jemand, der unheimlich aufs Blech haut, und die Torte läßt sich antörnen.
M-T: Ist es für Dich schwer, 'ne andere kennenzulernen?
Bene: Weißt Du – die echt zombigen Tanten sind nicht so

leicht anzugraben. Ich bohr' mich zweimal die Woche in 'ne Disco ... seh zu, wie die sich da auf der Tanzfläche einen abhotten ... und bei Gelegenheit laß ich bei 'ner Tussi 'nen Spruch los. Obwohl – eigentlich nervt mich das.

M-T: Was stört Dich denn da am meisten?

Bene: Also, da gibt's immer so'n paar Aufreißer-Typen, die sich die echt tollen Bräute keilen. Die schmier'n denen unheimlich was vor, powern voll rein – und die Disco-Torten stehn da auch noch drauf. Das ist doch Fuzzi, sowas.

M-T: Auf welchem Typ von Mädchen stehst Du denn?

Bene: Also auf keinen Fall auf so'm Teenie-Bopper. Ich wünsch' mir eine, mit der ich echt quatschen, auch mal rumflippen kann. Eine, die das durchtickt, was so läuft ... die sich mal 'n Buch reintut und nicht nur den alten Kappes nachlabert. Wenn sie dann noch scharf ist – so eine würd' ich gern aufreißen ...

M-T: Hast Du schon einmal mit einem Mädchen geschlafen?

Bene: Logo!

M-T: Und ...?

Bene: Na ja – das war mit 'ner irre scharfen Käthe, die hat mir echt 'n Kick gegeben. Danach hatte ich nur mächtig Frost – dacht' schon, ich hätte ihr 'n Braten in die Röhre geschoben. Hab' aber Schwein gehabt.

M-T: Meinst Du, daß Empfängnisverhütung nur eine Sache der Frau ist?

Bene: Nee, also ich meine, daß der Mann nicht der Zampano ist, der die Ziege erst losläßt und dann 'ne Biege machen kann. In 'ner Zweierkiste, da müssen sich beide echt reinschaffen – da muß man auch als Typ, selbst wenn einen die Mutti echt anknallt, da muß man immer checken, was läuft.

M-T: Was bedeutet für Dich Treue in einer Partnerschaft?

Bene: Treue, also das bedeutet für mich, daß ich den anderen nicht verlade. Das ist für mich eigentlich 'ne ganz coole Sache – daß ich nicht mit 'ner abgemackerten Tour komme und mit 'ner anderen rummache. Also, von meiner Braut würd' ich erwarten, daß sie nicht woanders was vom Teller zieht. Da wäre bei mir empty!

M-T: Könntest Du Dir vorstellen, einmal Kinder zu haben, Bene?

Bene: Weißt Du, die Kiste ist für mich kein Thema. Ich muß ja erst mal die riesige Tussi aufmachen, mit der ich auf Wolke sieben gehen kann. Und da muß ich wohl erst mal weiter auf Hasenjagd gehen . . .

M-T: Also keine Meinung, ich meine zu Kindern?

Bene: Nee, Du brauchst keine Angst zu haben! Ich komm' jetzt nicht mit »no future« oder so. Ich will hier nicht aufs Blech hauen von wegen Verantwortung und so – aber später mal Kinder, das wär' schon mein Ding. Aber wie gesagt – erst mal brauch' ich die passende Schnecke.

Die Eskimos besitzen in ihrem Wortschatz sechs verschiedene Begriffe für Schnee. Der Schnee, das darf man wohl einräumen, ist ihr ständiger Begleiter. Alle ihre existentiellen Probleme sind mit seiner Beschaffenheit verbunden: Mal ist er locker und leicht, mal feucht und beschwerlich, manchmal ist er sicher verharscht, ein anderes Mal voller Tücken. Bei jeder Unternehmung ist sein Zustand zu bedenken, bestimmt seine Beschaffenheit Mühsal und Ergebnis des Ganzen. Schnee kann für den Eskimo unmöglich einfach nur Schnee sein.
Bene kennt und verwendet für ein »Mädchen« allein zehn verschiedene Begriffe: Da ist die Alte, die ihn verlassen hat; die Braut, die er sich für die Zweierkiste wünscht; die Disco-Torte, auf der er gar nicht steht; die scharfe Käthe, die ihn anknallt; die Mutti, auf der er schon abfahren könnte; die Schnecke, die er gern angraben möchte; der Teenie-Bopper, auf den er keinen Bock hat; die Torte, die ihn linkt; die riesige Tussi, auf die er heiß ist – und die zombige Tante, die er wohl niemals aufreißen wird. Was Bene sich letztlich wünscht (und da befindet er sich bestimmt in bester Gesellschaft), das ist die »Supermutter« – die eierlegende Wollmilchsau.

An dieser Stelle muß aber die Susi, Benes Ex-Torte, mal zu Wort kommen. Auch sie weiß, was sie will – oder besser, was sie nicht will: Nichts im Sinn hat sie mit den Szene-Laschis, bei denen alles irgendwie so hängt; abstoßend findet sie die Macker-Typen und Stecher mit ihrem totalen Mackerverhalten und ihrer absoluten »Druck-und-Drauf«-Mentalität. Die Softies und Halb-Softies glaubt sie auch längst durchschaut zu haben: »Die tun doch nur so, als seien sie für die emanzipierte Frau – ansonsten verhalten sie sich genauso mackerhaft wie die meisten anderen!«
Dann gibt es noch die Hohlen, die überhaupt nicht schnallen, was läuft. Susi stellt fest, daß es ihr weit leichter fällt zu sagen, welche Typen sie nicht mag. Ihr Traumtyp? – der müßte lieb, zärtlich, offen . . . im Grunde kann sie ihn gar nicht recht beschreiben: »Außerdem weiß ich selbst, daß es den gar nicht gibt. Aber eine Annäherung an das Ideal – das wäre gar nicht so übel.«
So mühen sich Susi und Bene auf einem Terrain ab, das dem der Eskimos in vieler Hinsicht vergleichbar ist – da muß man schon die Vielfalt der Erscheinungsformen durch entsprechende Begriffe überschaubar machen und sich so zur besseren Orientierung verhelfen.
Die »Zweier-« oder »Beziehungskiste«, das haben Susi und Bene in ihren jungen Jahren herausgekriegt, ist keine einfache Kiste. Irgendwie wird es da immer auf die Dauer eng – vielleicht warm und sicher, aber wenig geräumig. Nein, so wie bei ihren Eltern, so stellen sie sich das mal nicht vor: Arbeit, Essen, Fernsehen; Montag, Dienstag, Mittwoch . . . immer die alte Kiste! Irgendwie sind die Leute alle falsch drauf. Da muß es doch noch Alternativen geben, wo alles so ganz easy geht. Susi und Bene wollen da eine ganz andere Kiste aufmachen.

Alternativ geht fast nix schief

»Im Schachspiel der Mächte ziehen wir mit den Türmen um die Ecke, mit den Springern geradeaus, und wenn es uns Spaß macht, zersägen wir das Schachbrett und machen ein Puzzle daraus, bei dem es darum geht, immer andere Schachbretter zu finden.«

Alex[13]

Alex ist ein Sponti, gehört also zu jenen, die es leid sind, so gelebt zu werden, wie es Büchner seinen Danton beklagen läßt: ». . . die Zeit verliert uns. Das ist sehr langweilig, immer das Hemd zuerst und dann die Hosen drüberzuziehen und des abends zu Bett und morgens wieder herauszukriechen und einen Fuß immer so vor den anderen zu setzen; da ist gar kein Absehen, wie es anders werden soll. Das ist sehr traurig, und daß Millionen es schon so gemacht haben, und daß Millionen es wieder so machen werden, und daß wir noch obendrein aus zwei Hälften bestehen, die beide das nämliche tun, so daß alles doppelt geschieht – das ist sehr traurig.«

Die Spontibewegung sucht nach einem Leben, das irgendwie anders ist, nach einem Leben, wo Veränderung ist, wo man nicht immer weiß, was als nächstes passieren wird. Ihr Auf- und Ausbruchsmotto lautet:

Es wird Zeit, daß wir leben! Alle Macht der Phantasie! Das Rezept: *». . . wir müssen die Begriffe und uns selbst tanzen lassen (. . .).«*[13]

In der Tat scheinen viele Aktionen der Spontis für den Beobachter zur abwegigen Farce zu geraten, und es mag schwerfallen, mehr als ein absurd-albernes Tun auszumachen, wenn man zum Beispiel in Ulm einen Hund für den akademischen Senat kandidieren läßt. Ein wenig erinnert dies aber auch an den Witz von einem »Irren«, der in der Badewanne angelt. Ein Psychiater, der sich über seine Behandlung Gedanken macht, fragt verständnisinnig: »Beißen sie denn?« Die eher schroffe Antwort lautet: »Du Idiot! In einer Badewanne?«

Hier hat sich jemand von der Truppe entfernt und genießt die verschwiegene Freude darüber, daß sein Schicksal nur ihm ganz allein gehört – abseits von einer Welt, in der das vernünftige Kalkül oberstes Gebot ist. Man darf ihn also ruhig beneiden. Vielleicht hat aber auch der Psychiater sein Aha-Erlebnis, möglicherweise ist ihm seine streng gezogene Linie zwischen normal und verrückt abhanden gekommen. Vielleicht geht er ein wenig auf Distanz zu dem, was gemeinhin als vernünftig bezeichnet wird. Der Kreativitätsforscher Edward de Bono[14], Begründer der »Philosophie des lateralen Denkens«, hilft da recht originell nach: »Es ist nicht möglich, ein Loch an einen anderen Ort zu verlegen, indem man tiefer gräbt.« Man muß den einmal eingeschlagenen Weg nicht geduldig und unbeirrt weiterverfolgen, sondern irgendwo anders neu ansetzen.

Dies aber, so scheint es, ist ungemein schwer. Damit der Leser dies einmal selbst nachvollziehen kann, soll die folgende Geschichte von de Bono hier nacherzählt werden:

Vor vielen Jahren, als man in England noch in den Turm geworfen wurde, wenn man seine Schulden nicht bezahlen konnte, hatte ein Londoner Kaufmann das Pech, bei einem Wucherer mit einem hohen Betrag in der Kreide zu stehen. Der Geldverleiher, alt und häßlich, hatte auf die schöne Tochter des Kaufmanns ein Auge geworfen. Also bot er einen Ausweg an: er würde auf das Geld verzichten, wenn er das junge Mädchen bekäme.

Vater und Tochter schauderte es allein bei dem Gedanken. Der durchtriebene Wucherer zeigte Verständnis und schlug vor, Fortuna entscheiden zu lassen. Er erklärte seinen entsetzten Verhandlungspartnern, er würde einen *schwarzen*

und einen *weißen* Kieselstein von dem Kiesweg, auf dem sie sich gerade befanden, in einen leeren Geldbeutel stecken, und dann sollte das Mädchen einen der Steine herausholen. Ergreife sie zufällig den *schwarzen* Kiesel, würde sie seine Gattin – dem Vater jedoch seien die Schulden erlassen. Erwische sie jedoch den *weißen* Stein, dürfe sie bei ihrem Vater bleiben und der Schuldschein sei vergessen. Allerdings, so fügte er noch hinzu, dürfe sie sich nicht weigern, einen Stein aus dem Beutel zu nehmen – sonst gehe ihr Vater sofort ins Gefängnis und der Hungertod sei ihr sicher.
Den beiden blieb nichts anderes übrig, als einzuwilligen. So standen sie also im Garten des Wucherers auf dem kiesbestreuten Weg, und dieser bückte sich, um die zwei Kiesel aufzuheben. Da die Angst jedoch die Sinne schärft, bekam das Mädchen sehr wohl mit, daß der Wucherer *zwei schwarze* Steine in den Geldbeutel steckte. Und dann forderte er sie lächelnd auf, jenen Stein herauszunehmen, der ihr und ihres Vaters Schicksal bestimmen sollte.
Das Dilemma war perfekt. Was hätten Sie an Stelle des Mädchens getan?
»Vertikales Denken« (also das Loch tiefer bohren), sagt de Bono, führt zu folgenden Möglichkeiten:

- Das Mädchen soll sich bei diesem makabren Spiel verweigern.
- Das Mädchen soll den Alten entlarven und ihm damit seinen miesen Charakter vorhalten.
- Das Mädchen soll seinem Vater das Gefängnis ersparen und einen der schwarzen Steine aus dem Beutel nehmen.

Alle drei Möglichkeiten führen mit Sicherheit in eine ungemütliche Situation. Der »vertikale Denker«, so de Bono, ist schnell am Ende, weil er sich nur mit der Tatsache befaßt, daß das Mädchen einen der Steine nehmen muß. »Laterale Denker« (also jene, die daran denken, ganz woanders mal zu graben) befassen sich mit dem Stein, der im Geldbeutel zurückbleibt: Sie versuchen »andere Schachbretter zu finden« (Alex).

Was also tut das Mädchen in de Bonos Geschichte? Es greift tatsächlich in den Geldsack, holt geschwind einen der Steine heraus und läßt ihn – oh Schreck – in ihrer Flattrigkeit auf den Kiesweg fallen, ehe sie ihn anschauen kann. Sie fängt sich aber sofort mit der Bemerkung, daß dies kein großes Malheur sei, denn wenn man in dem Beutel nachschaue, könne man ja leicht feststellen, welchen Kiesel sie genommen habe. Kurzum: Befände sich ein *schwarzer* Stein im Geldsack, könne sie nur den *weißen* in den Fingern gehabt haben.

Man muß die Geschichte nun nicht unbedingt weiterverfolgen, aber das Mädchen hat zweifellos das »Spiel«, das von seinen Regeln her als »dicht« erschien, auf legitime Art und Weise verändert. Es hat eine Alternative erdacht, die das vernünftige Kalkül nicht bereithält. Genau hier sieht der amerikanische Kommunikationswissenschaftler Paul Watzlawick den Ausweg für manche innerpsychische Kalamität: »Die Leidenden (seien es nun Einzelmenschen, Paare, Familien oder noch größere menschliche Systeme wie zum Beispiel Nationen) sind in ihrem eigenen Weltbild gefangen; sie spielen, was wir in der Kommunikationsforschung ein Spiel ohne Ende nennen, das heißt ein Spiel, das keine Regeln für die Änderung seiner eigenen Regeln oder für seine Beendigung hat; ein Spiel, dessen erste Regel – in Allan Watts Worten – lautet: dies ist kein Spiel, dies ist todernst.«[15]

Diese Gefangenheit im eigenen Weltbild führt denn auch dazu, daß sich die meisten Menschen angesichts eines Problems wie eine hungrige Henne verhalten, die hinter einem zehn Meter langen Maschendrahtzaun einen Körnerhaufen entdeckt hat – sie rennt aufgeregt vor dem Zaun hin und her und nur so weit nach links und nach rechts, wie sie dabei die Nahrung im Auge behalten kann. So bringt sie sich durch

ihre verbissene Fixierung auf das Ziel selbst um die Chance, das Hindernis an seinen äußeren Enden zu umgehen.
Die tief ausgefahrenen Geleise unseres Denkens behindern uns denn auch dabei, die folgende Aufgabe des Psychologen Max Wertheimer[16] zu bewältigen:

Neun Punkte sind durch nur *vier* gerade Linien so zu verbinden, daß jeder der vorgegebenen Punkte einmal berührt wird. Es darf dabei nicht abgesetzt werden, und das Zurückfahren auf derselben Linie ist nicht erlaubt.
Bei der richtigen Lösung ist die Linie also dreimal gebrochen.
Unser *Bio-fuzzi*, wie manche Jugendliche ein wenig respektlos das Gehirn bezeichnen, tut sich bei dieser Problemstellung ungemein schwer. Er macht aus dem Punktehaufen – Ordnung muß sein – zunächst einmal ein gedankliches Quadrat und verbaut sich damit die Lösung. Diese ist nämlich nur zu haben, wenn es gelingt, alte Strukturen aufzubrechen, d. h. sich vom Vertrauten zu verabschieden. Nur dann könnte es gelingen, das sich penetrant aufdrängende Quadrat bei der Linienführung zu verlassen und die Nuß zu knacken (Lösung S. 173).
Mag sein, daß auch der Sponti die Lösung nicht findet, aber er glaubt fest an »die Möglichkeit des Andersseins«[17] und will sich seine Träume nicht ausreden lassen:
Solange wir die Freiheit haben zu träumen, träumen wir, die Freiheit zu haben!

Diese Träume und die aus ihnen resultierenden Handlungen beziehen sich in erster Linie auf die Überwindung einer Ordnung, die aus der Sponti-Sicht versagt hat. Ohne Besserwissertheorien, sondern durchaus mit der Fähigkeit und Bereitschaft, sich selbst auf den Arm zu nehmen, werden denn auch Ordnung und Unordnung neu voneinander definitorisch abgegrenzt:
Unordnung = wo nichts am rechten Platz ist – Ordnung = wo am rechten Platz nichts ist.
Dieses Sponti- oder Alternativler-Credo ist im Sinne Hermann Hesses ein durchaus günstiger Ausgangspunkt, wenn man mit ihm die Wirklichkeit als Wahl einer von vielen, stets offenen Türen begreift.
Die Welt mit neuen Augen sehen, sich vom Vorgestanzten lösen – das genau ist es, was de Bono unter »lateralem« oder »spielerischem« Denken versteht. Um in seinem Bild zu bleiben: nicht an derselben Stelle immer tiefer graben, sondern auf die Idee kommen bzw. den Mut haben, es einmal an einer ganz anderen Stelle zu versuchen. Am Ende könnte dann die ärgerliche und zugleich hoffnungsfrohe Einsicht der Eliza Doolittle aus Bernard Shaws »Pygmalion« stehen:

»Der Gedanke ärgerte sie, in einem Kerker, der immer offengestanden hatte, viele unglückliche Jahre geschmachtet zu haben und daß die Regungen, mit denen sie so ängstlich gerungen und die sie unterdrückt hatte, um in der feinen Gesellschaft nicht aufzufallen, ausgerechnet diejenigen waren, durch die allein sie einen ehrlichen menschlichen Kontakt hätte aufnehmen können.«[18]

Die vielleicht späte, jedoch erfreuliche Erkenntnis von Eliza lautet: Auf mich hätte ich hören sollen, die ganze Zeit!
In der Sponti-Bewegung wird das Ich-Sagen geübt: *Alle reden von Politik, wir reden von uns!*
Wohl deshalb wird auch das Glaubensbekenntnis des ameri-

kanischen Gestalttherapeuten Frederick Perls[19] so breit angenommen:

»Ich tu, was ich tu;
und Du tust, was Du tust.
Ich bin nicht auf dieser Welt,
um nach Deinen Erwartungen zu leben.
Und Du bist nicht auf dieser Welt,
um nach den meinen zu leben.
Du bist Du und ich bin ich.
Und wenn wir uns zufällig finden
– wunderbar.
Wenn nicht, kann man auch nichts machen.«

In der Gestalttherapie des Frederick Perls geht es darum, sich des eigenen leib-seelischen Erlebens bewußter zu werden, also in sich hinein und auf sich selbst zu hören. Im Zuge der Behandlung soll letztlich ein neues Selbstbewußtsein im doppelten Sinne gewonnen werden. Perls' »Gestaltgebet« als Sponti-Spruch: *Mir geht nichts über mich!*
Überhaupt – die Lust des Sponti am Bekenntnis, vor allem am Bekenntnis zur Lust, ist unübersehbar:

Lieber geil als Cruise-Missile!
Petting statt Pershing!
Lieber kopulieren statt koalieren!

Und wer um den Frieden kämpfen will, dem schreibt er zur Mahnung an die Hauswand:
Fighting for peace is like fucking for virginity!

Der Sponti, so mag man es wohl zusammenfassen, haßt jede Form organisierten Tuns, weil es das Individuum herabsetzt und daran hindert, die Regungen des eigenen Gemüts aufzunehmen und in spontane Aktivität umzusetzen. Der Sponti

will sich von nichts und niemandem vereinnahmen lassen, und deshalb kommt er zu einem fest vereinbarten Meeting gar nicht erst oder wenigstens zu spät. Deshalb kann man ihn nicht einplanen und muß mit ihm immer da rechnen, wo man ihn nicht erwartet hat.
Wir brauchen ihn also wohl, den Sponti Micky zum Beispiel.

M-T: Micky, Du bezeichnest Dich selbst als Sponti. Was ist das eigentlich für einer, ein Sponti?
Micky: Das ist einer, den die ganze bürgerliche Scheiße anstinkt und der deshalb versucht, selbst gegenanzustinken – das ist einer, der keinen Bock mehr hat auf diesen ganzen Nachkriegssound und so. Sieh Dir doch die Leute an: Die sind doch alle irgendwie falsch drauf! Da ist doch kein Feeling mehr, bei dem, was die machen ... Nee, wir wollen uns nicht setzen, wir wollen leben – JETZT –, und deshalb stellen wir einfach alles in Frage. Wir suchen nach was ganz anderem ...
M-T: Wo soll es denn hingehen?
Micky: Zunächst einmal wissen wir, was wir nicht wollen: Wir wollen uns nicht mehr unsere Phantasie verschütten lassen, wir wollen uns kein Lebensmodell aufzwingen lassen – deshalb probieren wir neue Formen des Widerstands aus: Das Leben soll ein Jahrmarkt werden. Logisch oder unlogisch, das soll es nicht mehr geben ...
M-T: In Münster wurde auf der Uni-Vollversammlung ein lebendes Schwein zum Rektor gewählt. Der Vorschlag kam von den Spontis. Sind solche Aktionen typisch für die Sponti-Bewegung – und was wollt Ihr damit bezwecken?
Micky: Wir führen keine langen Strategiediskussionen – wir machen Action. Jeder kann mitmachen, und wenn einer 'ne geile Idee hat, dann fahren wir voll drauf ab. Wichtig ist, daß alles ganz locker ist – und das mit dem Schwein, das ist doch irre stark ... mit so einer Kiste kann man die Leute doch mal ganz easy schnallen lassen, was für 'ne abgewich-

ste Tour 'ne Wahlveranstaltung ist. Außerdem – Politik muß doch auch Spaß machen . . .
M-T: Aber solche Späße bringen Euch ja auch eine Menge Vorwürfe ein. Der Kulturpolitiker Hermann Glaser zum Beispiel hält der jungen Generation vor, sie handele nach dem Motto »Nonsens statt Konsens«.
Micky: Da boxt doch der Papst im Kettenhemd! Wir wollen in uns neue Fähigkeiten entdecken, uns selbst neu entdecken . . . dazu muß man zunächst mal einige Tabus knacken, den Leuten zeigen, daß es auch anders geht. Da braucht doch niemand gleich auf Horror zu kommen, wenn wir 'n bißchen angepunkt sind, halt locker drauf sind. Dem Glaser kann ich da eigentlich nur sagen: Wer nicht spinnen darf, dem fällt bald nichts mehr ein.

Wahnsinn, das ganze Leben ist Wahnsinn!

»Es war sehr früh am Morgen, die Straßen rein und leer, ich ging zum Bahnhof. Als ich eine Turmuhr mit meiner Uhr verglich, sah ich, daß es schon viel später war, als ich geglaubt hatte, ich mußte mich sehr beeilen, der Schrecken über diese Entdeckung ließ mich im Weg unsicher werden, ich kannte mich in dieser Stadt noch nicht sehr gut aus, glücklicherweise war ein Schutzmann in der Nähe, ich lief zu ihm und fragte ihn atemlos nach dem Weg. Er lächelte und sagte: ›Von mir willst Du den Weg erfahren?‹ ›Ja‹, sagte ich, ›da ich ihn selbst nicht finden kann.‹ ›Gib's auf, gib's auf‹, sagte er und wandte sich mit einem großen Schwunge ab, so wie Leute, die mit ihrem Lachen allein sein wollen.«[20]

M-T: Tina und Andy, wie findet Ihr diese Geschichte von Kafka?
Tina: Hab' ich noch nie gehört – ist aber echt stark! Kannst Du sie bitte noch mal vorlesen?
M-T: »Es war sehr früh am Morgen, die Straßen rein und leer, ich ging zum Bahnhof. Als ich eine Turmuhr mit meiner Uhr verglich, sah ich, daß es schon viel später war, als ich geglaubt hatte, ich mußte mich sehr beeilen, der Schrecken über diese Entdeckung ließ mich im Weg unsicher werden, ich kannte mich in dieser Stadt noch nicht sehr gut aus, glücklicherweise war ein Schutzmann in der Nähe, ich lief zu ihm und fragte ihn atemlos nach dem Weg. Er lächelte und sagte: ›Von mir willst Du den Weg erfahren?‹ ›Ja‹, sagte ich, ›da ich ihn selbst nicht finden

kann.‹ ›Gib's auf, gib's auf‹, sagte er und wandte sich mit einem großen Schwunge ab, so wie Leute, die mit ihrem Lachen allein sein wollen.«

Tina: Die Story törnt mich echt an! Also, ich finde, der Kafka hat's gerafft: Es gibt niemanden, der Dir sagen kann, wo's längs geht. Die schmier'n Dir alle was vor – haben aber selber keinen Durchblick. Wo Du auch hinsiehst: öde Insel . . .

M-T: Andy, Du studierst ja seit zwei Semestern Sozialwissenschaften. Gibt es da irgendwelche Einsichten und Erkenntnisse, die Dir weiterhelfen?

Andy: Ehrlich gesagt, bisher ticke ich da noch nicht ganz durch. Ich versteh' die an der Uni nicht – und die verstehn mich nicht. Vielleicht hab' ich einfach noch nicht genug drauf – muß mir wohl mal Karl Marx reinziehn. Im Augenblick häng' ich jedenfalls voll durch.

M-T: Fällt es Dir schwer, im Seminar mitzudiskutieren?

Andy: Im Seminar, da hab' ich echt das Gefühl, die labern sich nur gegenseitig den Kopf zu. Die werden nie konkret – ziehn sich immer nur an irgendwelchen Theorien hoch. Nach 'ner Stunde denk' ich immer, ich knall' gleich auseinander. Da möcht' ich gar nicht mehr mit denen diskutieren – da möcht' ich nur noch reinpowern . . .

Aber vielleicht liegt das alles an mir selbst . . .

Tina: Das geht mir genauso, wenn ich mit meinen Eltern Zoff hab'. Die meinen immer, daß sie mir mit ihren Lebenserfahrungen weiterhelfen können – und dann lassen sie immer wieder die alte Spule ablaufen . . . von wegen Vernunft, Realitäten und so –, dabei ist die Wirklichkeit für die doch meist das, was man am besten gleich aufessen kann. Mein Problem aber checken sie nicht: Warum soll ich überhaupt essen?

M-T: Dir erscheint das Leben recht sinnlos?

Tina: Ich will leben – aber anders! Die Ideale der Erwachsenen sind doch total abgespitzt. Ich brauch' bei dem, was ich tu, 'n Feeling, ich muß mich dran hochziehn können. Die ganze Leistungswichse kannst Du vergessen, da kriegst Du doch nur ständig Zwänge und Probleme aufgeknackt. Nimm doch die Schule – da gehst Du jeden Mittag raus aus der Scheiße und sagst: Der Kappes, den die Dir da vorlabern, der reicht doch gerade noch dazu, sich selbst zu betrügen. Das ist doch der totale Horror!

Andy: Genau! Wenn ich mir so'n Fachbuch reintu, dann denk ich: Das ist doch ein cooler Typ, der das geschrieben hat, der hat den totalen Durchblick – dann fahr' ich voll drauf ab. Aber wenn ich das dann alles durchgeackert hab', fühl ich mich irgendwie leer – dann frag' ich mich, was das wohl alles überhaupt mit mir zu tun hat . . . und dann sag' ich: Du hast doch einen an der Klatsche, Dir ständig diesen Mist reinzutun . . . das ist doch die große Verlade. Klar – zuerst war ich ganz easy angetoucht von dem ganzen linken Gerede – die gesellschaftlichen Verhältnisse und so . . . aber nach 'ner Weile merkst Du, daß die selbst nicht spannen, was Sache ist.

M-T: Du meinst, daß das alles wirklichkeitsfremd ist?

Andy: Ich meine, die Wirklichkeit ist zuerst mal etwas, was man anfassen kann. Ich will wissen, wofür ich etwas lerne – aber da ist tote Hose. Wir müssen uns für 'ne Prüfung alles mögliche reinziehn – nur leben lernen wir nicht . . .

M-T: Wie stellt Ihr Euch denn Eure Zukunft einmal vor?

Tina: Weißt Du, der Gedanke bringt mich manchmal echt finster drauf – und dann auch wieder nicht. Lehrstelle ergeiern, Kohle bunkern, Kücheneinrichtung und Terrassenstühle – nein, danke.

Am liebsten möchte ich mal in 'ner Szene leben, wo echt Power abgeht. So mit Leuten zusammensein, geile Gespräche führen, 'n bißchen rumflippen. Die Punks zum Beispiel, die sind unheimlich korrekt, die haben Power. Vielleicht mach' ich auch irgendwann 'ne Biege und schau mir die Welt an . . . irgendwie möcht' ich jedenfalls verrückt leben – das ganze Leben ist ja irgendwo Wahnsinn . . .

Vielleicht möcht' ich aber auch nur mal irgendwo richtig was anpacken, mal zupacken – aber wo?
M-T: Und Du, Andy – was stellst Du Dir mal so vor?
Andy: Ich möcht' schon mein Studium durchziehn, auch wenn es 'ne tierische Maloche wird. Aber ich möchte mir da nichts mehr vortürken lassen – ich möcht' mir meine eigenen Gedanken machen können und dürfen. Ich möchte, daß 'ne Uni, ja, daß die Wissenschaft allgemein nicht wie 'ne Fabrik betrieben wird, von der ich so'n Anhängsel bin, sondern daß das, was im Kopf läuft, etwas mit mir zu tun hat. Meine Devise lautet deshalb: Hütet Euch vor den Eierköpfen!

Das wissenschaftliche Denken und die Wissenschaftssprache sind nicht nur für Andy zum Schrecken geworden. Ein Diskussionspapier um das Studium an der FU Berlin spricht ihm da recht wohltuend aus dem Herzen:

»Was ist denn Wissenschaft? Mir kommt es immer hohler und uninteressanter vor, wenn ich jemanden darüber reden höre, auch wenn er sich ›kritisch‹ mit ihr auseinandersetzt. Was leistet Wissenschaft an Kommunikation? Wer spricht da mit wem? Muß Wissenschaft nicht ganz anders betrieben werden, wenn sie nicht nur erklären, sondern auch aufklären, sprich verändern will? Muß diese Wissenschaft überhaupt sein, die Trennung zwischen ›Theorie‹ und ›Praxis‹, zwischen Kopf und Hand, zwischen Denken und Empfinden? Wer mir jetzt mit Bloch, Marx oder Freud kommt, dem schlage ich den Schädel ein!«[21]

Wissenschaft – das ist für Andy zunächst einmal etwas, was ihn als Individuum an den Rand drängt und sein Selbstvertrauen auf subtile Art und Weise untergräbt. Wissenschaftsworte – das sind für ihn Obrigkeitsworte, die mit ihrem Unfehlbarkeitsanspruch sein eigenes Denken und Fühlen bedrängen: »Ja, wer bin ich denn, daß ich nicht selbst meinen

Mund aufmachen kann? Bin ich überhaupt noch ›wer‹? Was war doch da mit der Entfremdung, das kenn' ich doch, davon habe ich auch schon mal gehört?«[21] Wissenschaftler – das sind für Andy Leute, die einen schier unerschöpflichen Vorrat an Begriffen bereithalten, die ihn alle nichts angehen und doch verunsichern. Mehr noch, sie ängstigen ihn, sie rufen in ihm jene Angst hervor, die der deutsche Tiefenpsychologe Fritz Riemann[22] einmal als »Mißtrauen in die eigene Person« definiert hat. Und Andy argwöhnt, daß diese Angst das wesentliche Element der Strategie der Experten ist. Indem sie diese Angst schüren, erschweren sie dem einzelnen den Schritt in die Mündigkeit, nehmen sie ihm die Fähigkeit, sich seines Verstandes ohne Leitung durch andere zu bedienen. So, mutmaßt Andy, schaffen und erhalten sich die Experten und Ratgeber ihre Kundschaft.

Möglicherweise hat Andy Kants Streitschrift von 1784 gar nicht gelesen, bestimmt aber hat er ein untrügerisches Gefühl für das, was Kant da beklagt:

»Faulheit und Feigheit sind die Ursachen, warum ein so großer Teil der Menschen, nachdem sie die Natur längst von fremder Leitung freigesprochen (. . .), dennoch gerne zeitlebens unmündig bleiben; und warum es anderen so leicht wird, sich zu deren Vormündern aufzuwerfen. Es ist so bequem, unmündig zu sein. Habe ich ein Buch, das für mich Verstand hat, einen Seelsorger, der für mich Gewissen hat, einen Arzt, der für mich die Diät beurtheilt u.s.w., so brauche ich mich ja nicht selbst bemühen. Ich habe nicht nöthig zu denken, wenn ich nur bezahlen kann; andere werden das verdrießliche Geschäft schon für mich übernehmen.«

Das, würde Andy wahrscheinlich angesichts dieser Zeilen denken, wurde also schon 1784 in den Wind geschrieben. Da müßte Immanuel Kant erst einmal die heutigen Heerscharen von Spezialisten sehen, die von der Befruchtung bis zur Beerdigung tätig werden wollen. Rockmusik für das werdende Leben? Fatal! Klassische Musik fördert die Entwicklung im Mutterleib! Wissenschaftliche Untersuchungen haben ergeben, daß ... Andy nimmt sich vor, seine Mutter mal zu fragen ... Vielleicht liegt alles am bereits verkorksten Start. Aber was ihn weiter mit ziemlicher Wahrscheinlichkeit erwartet, kann auch nicht gerade heiter stimmen: Wissenschaftliche Untersuchungen haben ergeben, daß sich der Mensch im Laufe seines Daseins auf sage und schreibe sieben Lebenskrisen einzustellen hat und daß das Ende in der Regel erst nach Absolvierung von fünf Todesphasen[23] zu haben sein wird. Nein, da hält sich Andy lieber an Hermann Hesse:[24] »Ich bin nicht gegen das Ergründen und Ausdeuten, sondern nur gegen die Erstickung des naiven durch das rationale Verhalten.« Mit Genugtuung liest er bei demselben Autor, daß das, was unser Verstand produziere, nur ein »Fliegenschiß« sei neben dem, was sich unter der »Schwelle« abspiele. Hermann Hesse tut ihm gut: »Narziß und Goldmund«, »Siddharta«, »Knulp«, der »Steppenwolf« – das alles bringt ihn »verdammt gut drauf«. Hesse, das spürt Andy, ist auf seiner Seite. Er will, nach seinen eigenen Worten, die Jugend zum Individualismus »verführen« und die eher unterschwelligen individuellen Regungen wieder in ihre Rechte einsetzen.

Nein – Andy möchte keineswegs zurück in die Steinzeit. Er weiß sehr wohl, daß die moderne Gesellschaft, nachdem sie sich nun einmal so weit auf die Wissenschaften eingelassen hat, nicht einfach alles aufgeben kann. Er kann aber beim besten Willen nicht sehen, daß die Wissenschaft für ihn und seine Fragen von lebenspraktischem Nutzen sein kann. Dabei geht es ihm nicht um die Hilfestellung bei einer Blinddarmentzündung, sondern um Auskünfte darüber, »wo's längs geht«. Genau hier ist nämlich bei König Wissenschaft Fehlanzeige. Kaum einer hat so radikal wie Gustave Flaubert in seinem Roman »Bouvard und Pécuchet«[25] die Orientierungslosigkeit der »Eierköpfe« aufs Korn genommen:

Zwei Schreiber, durch eine unverhoffte Erbschaft vermögend geworden, geben ihre eintönige Tätigkeit auf und sich selbst in der nun gewonnenen Muße den verschiedensten wissenschaftlichen Disziplinen hin. Eifrig durchforsten sie die von der Menschheit angehäuften Wissensbestände und versuchen sich in ihrer praktischen Anwendung – und scheitern überall. Am Ende des Romans stürzen sie sich auf die Pädagogik und widmen sich, nicht ohne vorher die einschlägigen Fachbücher studiert zu haben, der Erziehung zweier Waisenkinder. Doch wie schon bei allen ihren anderen Unternehmungen sind die Auskünfte der Wissenschaftler so widersprüchlich, daß trotz aller ihrer ehrlichen Bemühungen das Fiasko unaufhaltsam wird. So heißt es denn am Schluß des unvollendet gebliebenen Werkes von Flaubert:
»Man kann ihnen die Erziehung der Kinder nicht überlassen. Sie protestieren dagegen; aber da sie die Waisen nicht gesetzlich adoptiert haben, nimmt der Bürgermeister sie mit sich. Die Kinder zeigen eine empörende Gefühllosigkeit. – Bouvard und Pécuchet weinen hierüber. (...) So ist ihnen alles unter den Händen zerbrochen.«
Zum Heulen ist auch Christian nach der Lektüre eines Lehrbuches zumute:
»Doch wenig später fühlte ich schon wieder dies: das Auseinanderfallen meiner Fortschritte im Kopf und meiner unmittelbaren Sehnsüchte und Wünsche.«
Die Wissenschaft kann dem Leben weder Richtung noch Sinn geben – zum einen ist es vielleicht gar nicht ihre Aufgabe, zum anderen spannt sie nur zu gern den Karren der Theorie vor das Pferd der Wirklichkeit. Die beiden Schreiber haben dies schmerzlich erfahren müssen und sind als tragisch-komische Gestalten dabei höchst aktuell. Andy jedenfalls erinnert sich zu gern an Hermann Hesse: »Der Vernünftige rationalisiert die Welt und tut ihr Gewalt an. Er neigt stets zu grimmigem Ernst. Er ist Erzieher.« Deshalb gefällt ihm wohl auch der selbstironische Spruch seiner Altersgenossen:

Das Wissen verfolgt mich – doch ich bin schneller!

Sicher, Andy will sich auf die Wissenschaft einlassen – aber er wird keinen, und wenn er nach außen auch wie Kafkas Schutzmann noch so autorisiert erscheint, nach dem Weg fragen – er wird versuchen, ihn selbst zu finden. Und bei der Suche wird er sich an Tina halten:

High sein, frei sein – Sonne muß dabei sein!
Ohne ein echtes Feeling ist doch alles Wahnsinn!

Betroffenheit oder: Ich glaub', mich streift ein Bus

Ein Steinzeitmensch sitzt vor seiner Höhle und sonnt sich. Ihm ist recht behaglich zumute – doch die Idylle wird jäh gestört, als sich vor ihm der Schatten eines Säbelzahntigers auf dem Erdboden abzeichnet. Der Organismus unseres Steinzeitmenschen »weiß«, was zu tun ist und reagiert blitzschnell: Adrenalin, das Hormon des Nebennierenmarks, wird in die Blutbahn abgegeben und erregt das sympathische Nervensystem. Der Effekt: Die Gefäße verengen sich, Stoffwechsel, Herztätigkeit und Atmung werden gesteigert, es kommt zur Blutzucker- und Blutfettspiegelerhöhung.
Der Körper wird also fundamental umgestellt und auf die neue, bedrohliche Situation eingestimmt – und er tut dies aus seiner »Weisheit« heraus, die sich nicht auf intellektuelle Erwägungen und Mutmaßungen, sondern auf die aktuellen Gefühle verläßt. Unserem Steinzeitmenschen ist beim Erkennen der Gefahr das »Herz in die Hose« gerutscht, das Gehirn schlug Alarm, und der Körper stellte in Sekundenschnelle die entsprechenden Energien bereit, um entweder angreifen oder flüchten zu können. Auf jeden Fall darf man davon ausgehen, daß sich angesichts des sicher ungemütlichen Anblicks eines Säbelzahntigers seine Seelenlage und seine körperliche Befindlichkeit grundsätzlich verändert haben.
Jede stärkere Gemütsbewegung läuft heute noch genauso wie vor 50000 Jahren ab: Gefühle setzen etwas in Bewegung, sie sind Erlebnis und Körpergeschehen zugleich. Menschen werden vor Schreck blaß, bekommen vor Angst weiche Knie oder werden bei einer vermeintlichen Blamage rot.
Der Philosoph Viktor von Weizsäcker hat den Begriff von der

»Organsprache« geprägt, mit deren Hilfe wir seit jeher unsere leiblich-seelische Betroffenheit ausdrücken können: Wir sind da zum Beispiel »mit ganzem Herzen« bei einer Sache, nehmen uns ein Ereignis »zu Herzen« oder »verlieren« dasselbe gar bei einem Menschen oder an einem Ort. Was für den Kardiologen eine schiere Unmöglichkeit darstellt – wir scheinen es doch immer wieder zu erleben: Da kann das Herz lachen oder sich schlicht auf dem rechten Fleck befinden; es kann erobert werden und dann vor Freude zerspringen; es reimt sich auf Schmerz, und man mag dabei kaum an einen simplen Zufall glauben; es kann voll sein und einem dann – wie es in der Bibel heißt – der Mund übergehen.

Natürlich wird es auch in den Dienst der Psychodiagnostik gestellt: Da gibt es warmherzige und kaltherzige, treuherzige und hochherzige, weichherzige und hartherzige – und unbarmherzige Mitmenschen. Herz oder Kopf? Für die meisten ist das keine Frage, wem der Vorzug einzuräumen ist. Das Herz – nein –, das kann nicht irren, und was von Herzen kommt, kann niemals boshaft sein.

Und auch dies scheint zu den Erfahrungen zu gehören, die wir mit dem Herzen gemacht haben: Wer es gewinnt, erhält den Verstand inklusive – wer es jedoch verprellt, kommt in den Kopf gar nicht erst rein. Da ist denn auch alle Herzensmüh vergebens, wenn es solche denn überhaupt war.

Bei Mißerfolgen kann man freilich auch auf andere Organe ausweichen, den ganzen Frust beispielsweise »in sich hineinfressen«, »sauer« reagieren oder sich gar »ein Loch in den Bauch« ärgern. Bisweilen mag einem auch etwas »an die Nieren gehen«, man findet alles »zum Kotzen« und hat am Ende die »Nase so voll«, daß einem »die Galle überläuft« – wohl dem, der seinem Unmut »Luft zu machen« weiß und tüchtig »Dampf ablassen« kann.

Zweifellos ist die Sprache ein großer Lehrmeister der Psychologie, denn sie erinnert uns an längst Vergessenes, an Zeiten, so der Arzt und Psychosomatiker Arthur Jores,[26] als »die Zweiteilung des Menschen in Leib und Seele noch nicht vollzogen war«. Die Sprache hat also in ihren psychosomatischen Redewendungen die allgemeine menschliche Erfahrung von der leiblich-seelischen Ganzheit bewahrt – der Magen ist hier mehr als ein sinnvoll konstruierter Verdauungsapparat, das Herz mehr als eine Pumpe. Uns heutigen Menschen sind allerdings Sinn und Verständnis für diese Ganzheit weitgehend verlorengegangen.

Allerdings häufen sich seit einiger Zeit die Anzeichen dafür, daß gerade die junge Generation die künstlich-willkürliche Trennung von Leib und Seele nicht mitmacht, daß sie zu einer neuen Körperlichkeit gefunden hat. Die Rede ist neuerdings von einem »Betroffenheitsvorsprung«, den die Jüngeren in die Gespräche mit Älteren einbringen – d. h., sie beziehen Ereignisse und Situationen viel stärker auf sich selbst und stehen offen zu ihren Ängsten, Hoffnungen und Sehnsüchten. In ihren Gefühlsäußerungen werden häufig teils groteske, teils recht eindeutige körperliche Bezüge hergestellt. Neue »psychosomatische Redewendungen« wurden erfunden und in den allgemeinen Sprachschatz der Gleichaltrigen aufgenommen.

Da fällt dem Pimo zum Beispiel vor Staunen *echt 'n Ei aus der Hose*, während Tina assoziationsreich kundgibt, daß ihr angesichts einer geplanten Fete schon *die Vorfreude am Bein herunterläuft*.

Bei anderer Gelegenheit muß sich Tinas Freundin den Vorwurf gefallen lassen, daß sie wohl nicht mehr richtig *ticke*. Dabei wird gemutmaßt, daß dies wohl mit ihrem Zyklus zusammenhängen müsse: *Du hast wohl ein Ei am Wandern!*

Aus tiefenpsychologischer Sicht werden bei all diesen die Sexualsphäre betreffenden jugendlichen Redewendungen durchaus zwei Fliegen mit einer Klappe geschlagen: Neben dem Ausdruck aktueller Gefühle wie Schreck, Freude und Unmut kommt die Sexualität als emotionelles Dauerthema zum Zuge. Schon Sigmund Freud wies darauf hin, daß durch gefühlsbeladenes Sprechen ein »eingeklemmter Affekt« befreit wird – der Sprechende reagiert sich ab. Freud war es auch, der nach den versteckten Gemeinsamkeiten von Traum und Sprache fahndete und die seelenreinigende Wirkung der »Verbildlichung« hervorhob. Wie Traumbilder, so seine Erkenntnis, können durchaus auch sprachliche Bilder der seelischen Entlastung dienen. Der deutsche Journalist Wolf Schneider knüpft hier in seinem Buch »Wörter machen Leute« recht zeitgemäß an: »Der Mensch ist dankbar für Gelegenheiten, ein paar Atemzüge lang seinem Käfig aus Logik und Grammatik zu entrinnen.«

Pimo, Tina und die anderen haben viele solcher Gelegenheiten in ihren Sprachbesitz aufgenommen und entrinnen des öfteren. Grotesk-übertreibend und bildhaft-assoziationsreich reden sie sich so manches von der Seele, was sie getroffen oder betroffen gemacht hat. Wenn Pimo bemerkt, er glaube, ihn *streife* ein *Bus,* dann ist seine Seelenlage unmißverständlich beschrieben und der entsprechende Vorfall treffend kommentiert:

Pimo ist erstaunt, platt, verblüfft, perplex, überrascht, baff, verdutzt, »sprachlos«, bestürzt, fassungslos, außer sich und irritiert – das eine mehr, das andere weniger – ihn *streift* eben halt *ein Bus.*

Mißbilligendes Erstaunen läßt sich in der Sprache der Jugendszene natürlich auch noch anders ausdrücken:

Ich glaub', ich knall' auseinander!
Ich glaub', ich klink' aus!
Ich glaub', meine Oma geht mit Elvis!
Ich glaub', mein Opa boxt im Kettenhemd!
Ich glaub', der Papst boxt im Kettenhemd!
Ich glaub', mein Schwein pfeift!
Ich glaub', mein Hamster bohnert!
Ich schnall' ab!

Ich brech' zusammen!
Da drehst' ja ab!
Da läuft einem ja ein Ei aus!
Ich flipp' aus!

Ob es nun knallt oder pfeift, ob jemand boxt oder bohnert – immer geht es um das Bemühen, einem überraschenden Ereignis und damit verbundenen höchst individuellen Erlebnis nicht *sprachlos* ausgeliefert zu sein. Spannungsabfuhr, also Katharsis im Freudschen Sinne, ist nur zu haben, wenn man auch die richtigen Worte findet. Genau hier aber versagt die überkommene Sprache nicht selten – es »fehlen einem die Worte« oder »verschlägt einem die Sprache«. Schon 1920 weist der amerikanische Sprachforscher Edward Sapir darauf hin, daß »die emotionalen Aspekte unseres Seelenlebens im Aufbau der Sprache nur dürftig ausgedrückt seien«.
Alltägliche und damit meist verschlissene Worte und Sätze geben also für ein intensives Sichaussprechen nicht viel her. Mit den Gefühlen verhält es sich wohl wie mit Gesichtern: Beide lassen sich in ihrer Einmaligkeit und Einzigartigkeit mit dem herkömmlichen Vokabular nicht beschreiben. Hier helfen keine subtilen Definitionen weiter, hier hilft nur ein Bild, das man vorlegt bzw. in sich selbst und im Kopf anderer hervorruft. Darauf zielt letztlich ja auch jedes künstlerische Bemühen ab. In »Madame Bovary« führt uns Gustave Flaubert das Zumutesein von Emma, die an ihrer unstillbaren Sehnsucht nach Liebe leidet, so vor Augen: »Am unerträglichsten waren ihr die Mahlzeiten ... Die ganze Bitternis ihres Daseins schien ihr da auf ihrem Teller zu liegen, und aus dem Dampf des ausgekochten Rindfleisches wehte ihr gleichsam der Brodem ihres so widerwärtig gewordenen Lebens entgegen.«
Der Mensch, heißt es bei Leonardo da Vinci, ist ein »Augentier«. Er ist am ehesten im Bilde, wenn er sich ein Bild hat machen können. Die moderne Hirnforschung hat dies längst

bestätigt. Ihre Befunde belegen überzeugend, daß das menschliche Gehirn aus zwei sehr unterschiedlich arbeitenden Hälften besteht – genaugenommen haben wir also zwei Gehirne. Das linke bzw. der linke Teil schlüsselt die Welt logisch-analytisch auf: Wir sehen zum Beispiel viele einzelne Bäume. Die rechte Hälfte dagegen arbeitet ganzheitlich-emotional: Wir sehen mehr als eine Ansammlung von Bäumen – wir *erleben* einen Wald. Einiges spricht dafür, daß dieser Teil unseres Gehirns zunehmend brachliegt. Dies ist auch nicht verwunderlich, denn zu keiner Zeit wurde wohl die Fähigkeit zur Analyse und zum detaillierten Sich-Befassen mit der Welt so hoch bewertet wie heute. Längst sind die Atome, das menschliche Erbgut und die Oberfläche des Mondes in seine einzelnen Bausteine gründlich zerlegt – um den Preis allerdings, daß all dieses Wissen unsere Gefühlswelt ärmer gemacht hat.

Das Ganze, lautet eine antike Erkenntnis, ist mehr als die Summe seiner Teile. Eine Symphonie ist mehr als eine Ansammlung von Noten, ein Gedicht mehr als eine Folge von Buchstaben.

Dieses Mehr erfassen wir, sofern sie noch nicht verkümmert ist, über unsere rechte Hirnhälfte.

Die Jugendsprache trägt diesem Sachverhalt Rechnung, indem in ihr abstrakte Sprachformen durch konkret-bildhafte Redewendungen ersetzt werden. Je weiter hergeholt, um so besser. Dies gilt insbesondere für die Auseinandersetzung mit anderen. Wenn man Freud zustimmen kann, daß derjenige, der als erster an Stelle eines Speeres ein Schimpfwort benutzte, der eigentliche Begründer der menschlichen Zivilisation war – ja, dann enthält der jugendliche Wortschatz doch recht überzeugende kulturelle Leistungen.

So werden beispielsweise Unmut und Mißfallen verbildert:

Du hast wohl 'nen Sockenschuß!
Du hast wohl 'n Ei auf 'm Dach!

Du hast doch die Pfanne heiß!
Du hast doch einen an der Waffel!
Du hast doch einen an der Klatsche!
Du hast ja 'n Rad ab!
Dich haben sie wohl gebissen!
Ich glaub, Du tiltst!

Gewiß – zimperlich ist man nicht im sprachlichen Umgang mit Leuten, denen man unterstellt, daß sie auch *im Keller nach Ketchup bohren* und aus *Stahlwolle Panzer stricken* – aber um noch einmal Freud zu bemühen:
»In der Sprache findet der Mensch ein Surrogat für die Tat, mit deren Hilfe der Affekt nahezu ebenso abreagiert werden kann«.
Das ist es, was zählt – »unten, wo das Leben konkret ist«. Da unten stellt man sein seelisches Gleichgewicht nicht dadurch wieder her, indem man »indigniert«, »pikiert« oder »irritiert« ist, wenn einem schlichtweg etwas *stinkt*. Da mūß man schon, meint Pimo, gegenanstinken. Knut Anders,[27] der in seinem leidvollen Erfahrungsbericht über seine Arbeitslosigkeit am liebsten das »scheiß Arbeitsamt« in die Luft sprengen möchte, ist da noch drastischer:
Ich scheiß' auf die Gesellschaft – aber, und hier faßt er wohl seine bisherigen Erfahrungen zusammen, *die Gesellschaft scheißt zurück.*

Ausflippen oder immer bergauf

»Manchen möchte ich gern zeigen irgendwo: Hier, da ist was in mir. Ich bin nicht einfach jemand, der über die Straße geht oder so. (...) Ja, ich stell' mich auch irgendwo ständig unter Frage. Das ist klar. Ich tu also vieles von mir verwerfen, und das ist ebenso dieses, daß man sich irgendwo auf Fragen niemals konkrete Antworten geben kann im Augenblick. Das kann man nur durch absolutes Bewußtsein. Das ist 'ne Sache, die irgendwo depressiv macht. Daß man nicht irgendwo so sich konkret was geben kann. Das flippt auch aus.«[28]

In der Bundesrepublik Deutschland gibt es über 80000 Flipperautomaten (Stand 1982). Wenn man mit Fug und Recht davon ausgeht, daß an jedem Gerät nicht nur ein einzelner immer wieder spielt, muß man auf eine recht große Gemeinde an Flipperspielern schließen. Was also macht das Flippern so reizvoll, daß selbst der jugendliche Wortschatz davon nicht unberührt bleibt?

Wer flippert, treibt eine Kugel ständig bergauf, versucht geistesgegenwärtig und reaktionsschnell die Tücken und Fallen, die das Gerät bereithält, zu umgehen. Nur so kann er sich eine gewisse Zeit auf abschüssigem Gelände halten, Punkte einheimsen und gar zu einem Freispiel kommen. Dem Risiko, daß die hin und her flippende Kugel vorzeitig *ausflippt*, ist nur mit *Coolness*, Geistesgegenwart, Überblick, Entscheidungsfreude, Reaktionsschnelligkeit und Fortüne zu begegnen: Eigenschaften, Fähigkeiten und Fertigkeiten, die in fast jeder Stellenanzeige stehen.

Wenn es also auch sonst niemand glauben will, ein *sattes* Punktekonto beweist glasklar: Ich kann mich auf schwierigstem Terrain halten, habe den Marschallstab im Tornister!

Das Spiel, meint der Psychoanalytiker Erik Erikson, dient

der Durcharbeitung einer psychischen Thematik. Es macht spannungsreiche Ereignisse und Situationen verfügbar – was im Alltag als verletzend, demütigend und ohnmächtig erlebt wird, kann nachträglich zurechtgerückt werden. Die Seele entschlackt und reinigt sich im spielerischen Tun. Dabei zählt nicht nur das Spielresultat, sondern vor allem, was man beim Spielen tun muß oder darf: Wer flippert, so kann man es wohl sehen, sitzt am Drücker, kann verschiedene Hebel in Bewegung setzen, etwas ins Rollen bringen, Anstöße geben und schwierige Situationen meistern. Bei allem Engagement darf er nicht zu unlauteren Mitteln greifen – wer mit Gewalt und verbotenen Tricks das Gerät zu beeinflussen versucht, wird automatisch vom Spiel ausgeschlossen: *tilt* leuchtet es zur Strafe auf – *game over!*

Im Flipperspiel, darauf beruht wohl die Faszination des Ganzen, findet der Jugendliche »seine« Realität wieder – den »Kampf ums Überleben auf einer schiefen Ebene«. Das Spielgeschehen selbst mag dabei so unrealistisch und unsinnig sein wie ein Traum – und doch hat es wie jeder Traum seine deutlichen Bezüge zur Wirklichkeit. Spiel und Traum helfen über manche Lage hinweg, die zum *Ausflippen* ist – und wer rumflippt, weil er mit seinen Wünschen, Hoffnungen und Sehnsüchten in der Welt der Erwachsenen keinen Ansatzpunkt entdeckt, der findet ihn in seinen Tagträumen und im Spiel.

Mit dem taubstummen »Tommy«, Opernheld einer Rockgruppe, fühlte sich eine ganze Generation verbunden – sie litt, jubelte und freute sich mit ihm, wenn er am Ende am »Pinball« nicht zu schlagen war. Der »Pinball-Wizzard« von Elton John war einmal in aller Munde. Einmal Pinball-Wizzard sein, wie Tommy mit dem flitzenden Ball bei flakkernden Lichterketten »zaubern« und sich »freispielen« ...

Auf diesem Hintergrund ist wohl auch der von der Szene geprägte Begriff der *Flippigkeit* zu sehen, mit dem ein Lebensstil bezeichnet wird, der viel mit Spontaneität, Kreativität und Freiheit zu tun hat. Dahin jedenfalls gehen die Hoffnungen. Folgerichtig heißt es in einem Gedicht der Münchener Soziologen-Spontis:

»Wir wollen uns nicht setzen. Wir wollen in allem, was wir tun, noch den Aufbruch suchen aus dieser Enge.«[29]

Immer wieder klingt im Grunde dasselbe Motiv an: die Furcht vor der Erstarrung, vor dem im voraus kalkulierbaren Lebensweg, der öde und düster erscheint. *Flippigkeit – herumflippen* und hin und wieder *ausflippen;* das heißt Ungleichheit im Kalender stiften, damit die Zeit einen nicht verliert. Vielleicht hat dies sogar ein wenig mit jener »absichtsvollen Absichtslosigkeit« zu tun, die der Taoismus als Schlüssel zu Freiheit und Glück empfiehlt.

So mag denn der Flipperautomat ein wenig das Leben symbolisieren – als wahnsinniges und irres Spiel, bei dem der Spaß beizeiten und recht abrupt aufhört. Ein Spiel, bei dem man am Hebel sitzt und das Gefühl genießen darf, alles unter Kontrolle zu haben – bei dem man aber gleichzeitig selbst der Ball ist, der ins Aus zu rollen droht.

Ohne dies alles überstrapazieren zu wollen, sei hier noch einmal eine Bemerkung von Friedrich Schiller in seinen »Ästhetischen Schriften« in Erinnerung gebracht:

»Der Mensch spielt nur, wo er in voller Bedeutung des Wortes Mensch ist, und er ist nur da ganz Mensch, wo er spielt.«

Freilich – wo gespielt wird, ist der Spielverderber nicht weit: »Flippern ist stumpfsinnig und sinnlos! Flipperpunkte kann man nicht essen! Wo bleiben die Fakten?« Gefühle, sagt sich da allerdings der jugendliche Spieler, Gefühle sind auch Fakten – das sind die Fakten überhaupt. Und vielleicht fügt er für sich noch hinzu: *Ich glaub', der tilt!*

Seid furchtbar und wehret Euch!

Es gibt solche und solche, aber mehr solche als solche. Wie viele es von diesen und jenen gibt, ist ungewiß – aber die Jugendszene ist vielfältig: Es gibt Rocker, Popper, Punker, Teds, Mods, Spontis, Skinheads, AKWler und solche, die sagen: *Ich bin ich.*
Wer aber denkt sich solche Sprüche aus:

Siehst Du einen Popper fliegen, schieß ihn ab und laß ihn liegen!
Kannst Du einen Popper kriegen, blas ihn auf und laß ihn fliegen!
Hast Du fünf Minuten Zeit, schlag Dir einen Popper breit!
Haut die Popper platt wie'n Whopper!
Ich kauf' mir einen Chopper und fahr' über alle Popper.
Advent, Advent, ein Popper brennt, erst der Arm, dann das Bein, dann das ganze Popperschwein.
Poppermord ist Breitensport.

Zugegeben – am Versmaß ist nichts auszusetzen. Verkörpern die Popper jedoch den Leibhaftigen?
Den Poppern wird nachgesagt, und es ist ihnen wohl auch anzusehen, daß sie die schicke Schale lieben. Kaschmir-Kinder werden sie auch genannt, jene Jugendliche mit dem »Schwenker«-Haarschnitt (vorne lang und hinten kurz) und Kleidung von Fiorucci und Lady Manhattan. Sie gelten als unpolitisch und haben angeblich nur eines im Sinn: *Sehen und gesehen werden ist des Poppers Glück auf Erden.*
Popper sind also proper. Sie kommen aus »gutem Hause« und folgen brav und adrett den elterlichen Spuren. Elite – so zumindest wird die Botschaft nach außen verstanden.

Wer den Kopf herausstreckt, dem wird er bisweilen abgehackt – so lautet ein eher hämisch formulierter Grundsatz des menschlichen Zusammenlebens. Warum werden gerade die Popper zur Zielscheibe so vieler Totschlage-Sprüche und damit allgemeiner Aggression?
Manche könnten hier frohlocken – denn da ist er ja, der Bodensatz des allgemein Menschlichen! Anders-Sein ist halt ein Makel – wenn Aufmüpfigkeit und Rebellion angesagt sind, ist Anpassung boshaft: *Wer sich nicht wehrt, lebt verkehrt!*
Vielleicht aber sind die Kaschmir-Kinder gar nicht gemeint, vielleicht ist nur ein Lebensstil gemeint, der im Popper augenfällig personalisiert wird und vor dem man einen Horror hat. Des Poppers Botschaft lautet denn ja auch recht eindeutig: Weitermachen – wie bisher! Genau das aber muß auf dem Hintergrund der Zukunftserwartungen vieler Jugendlicher mehr als zynisch klingen. Immerhin gehen 76 Prozent der 15–24jährigen davon aus, daß unsere Umwelt weiterhin durch Technik und Chemie zerstört wird – stellen sich 57 Prozent dieser Altersgruppe auf die totale Kontrolle des Menschen durch Computer ein – halten gar 50 Prozent den Weltuntergang durch einen Atomkrieg für wahrscheinlich.
Es soll hier nicht die Frage untersucht werden, wie solch eine pessimistische Erwartungshaltung überhaupt entstehen konnte und ob die Fakten diese hinreichend stützen – sie ist da und artikuliert sich an Brandmauern, Brückenpfeilern und Toreinfahrten:

Gestern standen wir noch am Rande des Abgrunds, heute sind wir schon einen Schritt weiter.
Es ist unwichtig, wo wir den Rest unserer Tage verbringen. Es sind nicht mehr viele.
Ich geh' kaputt – wer kommt mit?
Kernkraft ist todsicher.

Das Leben geht weiter – aber ohne uns.
Du hast keine Chance, darum nutze sie.
Wie es ist, ist es Mist.
Einstein ist tot, Newton ist tot – und mir ist auch schon ganz schlecht.
Nehmt Abschied!
Und immer wieder: *No future!*

Was hier nach totaler Resignation und Selbstaufgabe klingt, ist allerdings nur ein Ausschnitt aus der allgemeinen Sprüchekultur. Es gibt auch ganz andere Töne, etwa nach dem Motto: *Was lange gärt, wird endlich Wut.* Manchem Passanten wird da möglicherweise ein kleiner Schreck eingejagt:

Anarchie statt Lethargie!
Anarchie auch für Sie!
Anarchie ist machbar, Herr Nachbar!
Mit Anarchie und LSD bekämpfen wir die BRD.
Auf die Dauer hilft nur Frauenpower.
Breit sein, frei sein, Terror muß dabei sein.
Nicht reden – werfen!
Haut die Bullen platt wie Stullen!
Immer heiter, der Häuserkampf geht weiter.
Lieber heute aktiv, als morgen radioaktiv.
Lieber alternativ als passiv.
Wir lassen uns nicht einmachen, kleinmachen, gleichmachen.
Ich bin gegen alles!

Hier steht der Popper arglos in der Schußlinie herum und gerät unversehens zum Exponenten von allem, was als unerträglich empfunden wird.
Ganz anders sind da die Punker. »Das Aggressive ist da das Besondere, weil alles so lasch und abgefuckt ist«, meint

zum Beispiel Pippi. Den Punkern wird nachgesagt, sie seien gegen den Rest der Welt – und bei denen *geht Power ab.* Sie sind wer – wissen sie aber auch, wer sie sind?

Überall, wo wir sind, herrscht Chaos, aber wir können ja nicht überall sein.
Wir sind wir – und wir machen, worauf wir Bock haben.
Wir sind die Null-Bock-Fraktion.
Jugend: das Produkt des deutschen Wahnsinns.

Die Lust am Bekenntnis ist offensichtlich und die Suche nach der eigenen Bestimmung anscheinend abgeschlossen: den anderen zeigen, daß es so auch geht. Das große Chaos kommt ja doch. Der Punker gibt bzw. ist also auch eine Antwort. Allerdings bleiben seine Sichtweise der Dinge und seine Selbstdefinition nicht unwidersprochen:

Das Haar ist bunt, das Hirn ist krank – was kann das sein!?
Ein Punk!
Oder: *Lieber 'n Ted im Bett als 'n Punk im Schrank.*

Die Sprüche bringen es denn auch zur Sprache, daß es *die* Jugend gar nicht gibt. Neben pessimistischen und anarchistischen Verlautbarungen finden sich auch solche, die die gesamte »Sprücheklopferei« auf den Arm nehmen. Die Psychoanalyse würde hier vielleicht vom Wort-Lustgewinn sprechen:

Lieber locker vom Hocker als hektisch über'n Ecktisch.
Legalize Himbeereis!
Nieder mit der Schwerkraft – es lebe der Leichtsinn!
Nitribitt ist nicht mehr fit!
Wer früher stirbt, ist länger tot.
Man hat's nicht leicht, aber leicht hat's einen.
Lieber Ente und roh, als ganz und gar.

Nieder mit dem Müsli.
Unterstützt die Volksfront zur Wiedervereinigung der Spalttablette.
Lieber Oberursel statt unter Ursel.
Nie wieder Jungfrau!

Mit Witzen aber ist bekanntlich nicht immer zu spaßen, vor allem nicht mit jenen, die in einer Situation entstehen, die überhaupt nicht spaßig ist. Man weiß dies vom politischen Witz. Dies mag durchaus auch für die jugendlichen Nonsenssprüche gelten. Haben diejenigen, die die Spraydose im obigen Sinne führen, Sisyphos neu entdeckt?
»So sehen wir (...), wie ein angespannter Körper sich anstrengt, den gewaltigen Stein fortzubewegen, ihn hinaufzuwälzen und mit ihm wieder und wieder einen Abhang zu erklimmen; wir sehen das verzerrte Gesicht, die Wange, die sich an den Stein schmiegt, sehen, wie eine Schulter sich gegen den erdbedeckten Koloß legt, wie ein Fuß ihn stemmt und der Arm die Bewegung aufnimmt, wir erleben die ganz menschliche Selbstsicherheit zweier erdbeschmutzter Hände. Schließlich ist nach dieser Anstrengung (...) das Ziel erreicht. Und nun sieht Sisyphos, wie der Stein im Nu in jene Tiefe rollt, aus der er ihn wieder auf den Gipfel wälzen muß. Er geht in die Ebene hinunter.«
So stellt sich Albert Camus[30] Sisyphos vor – als »Held des Absurden«, als jemanden, der sich abmüht und doch nichts zustande bringt. Mit Recht waren die Götter des Olymp davon überzeugt, für Sisyphos die fürchterlichste aller Strafen ersonnen zu haben: eine endlose Folge sinnloser und mühsamer Handlungen.
Man darf sich um Himmels willen bei solchem Tun nicht umdrehen – die Absurdität wird offensichtlich. (Sponti-Spruch-Mahnung: *Dreh Dich nicht um, der Frust geht um!*)
Und um Albert Camus noch einmal aufzugreifen:
»Dann stürzen die Kulissen ein. Aufstehen, Straßenbahn,

vier Stunden Büro oder Fabrik, Essen, Straßenbahn, vier Stunden Arbeit, Essen, Schlafen, Montag, Dienstag, Mittwoch, Donnerstag, Freitag, Samstag, immer derselbe Rhythmus – das ist sehr lange ein bequemer Weg. Eines Tages aber steht das ›Warum‹ da, und mit diesem Überdruß, in den sich Erstaunen mischt, fängt alles an. ›Fängt an‹ – das ist wichtig. Der Überdruß ist das Ende eines mechanischen Lebens, gleichzeitig aber auch der Anfang einer Bewußtseinsregung. Er weckt das Bewußtsein und bereitet den nächsten Schritt vor.«

Die Wörter *Wahnsinn, wahnsinnig* und *irre* gehören zum Lieblingsvokabular der jugendlichen Szene-Sprache. Wahnsinn – das ganze Leben ist Wahnsinn! –, das ist mehr als ein resignierender Seufzer, es ist eher ein befreiender Akt der Erkenntnis, ein Aufatmen. Der Mescalero[31] steht mit seiner Bemerkung gewiß nicht allein:
»Wahnsinn ist ein schöner Begriff, weil er von der Phonetik her schon soviel Wahnsinn enthält. Wahnsinn in die Politik zu tragen, das Ganze zum Wirbeln zu bringen. Die Leute an den Wahnsinn zu gewöhnen, an die Etablierung des Wahnsinns im Alltag. Die Farbe wieder zurückholen in den grauen Alltag. Das Leben wieder lebenswert machen.«
Ganz augenscheinlich sind sich die Mescaleros mit Camus einig: »An sich ist diese Welt nicht vernünftig – das ist alles, was man von ihr sagen kann.«
Auf diesem Hintergrund haben viele jugendliche Sprüche mit ihrer Abkehr von der Vernunft durchaus ihre konsequente Logik. Wenn so vieles in unserer Welt bereits jenseits der Wahnsinnsschwelle liegt, dürfte man eigentlich auch in den folgenden Empfehlungen keine psychiatrischen Auffälligkeiten entdecken:

Seid realistisch – fordert alles!
Genug ist nicht genug – wir wollen alles jetzt!

Natürlich ist so etwas geschwind mit dem Hinweis auf eine utopische und obendrein auch noch egozentrische Maßlosigkeit abgetan, ein Vorwurf, der der jungen Generation ohnehin beständig in den Ohren klingt. Vielleicht, und das soll auch nur ein Gedankenspiel sein, haben die Sprüche-Autoren aber hier nur einen Köder ausgelegt; denn wer versucht sein sollte, ihnen hier rational-argumentativ mit Sachzwängen zu kommen, kann sich des allgemeinen Hohngelächters gewiß sein – mit Sachzwängen, so werden sie den Spieß umdrehen, mit Sachzwängen rechtfertigt man auch das zigfache Overkillpotential der Rüstung und manch anderen Irrsinn.

Absolut unangebracht wäre es allerdings jetzt, die Autoren- und Anhängerschaft jugendlicher Sprüche in die Kategorie der Besserwisser und vermeintlich Abgeklärten einzureihen.

In den sechziger Jahren war an mancher Uni-Wand noch zu lesen: *Macht kaputt, was Euch kaputt macht!* Na klar – Zähne gespitzt und ran! Es herrschte insoweit Klarheit darüber, daß die Verhältnisse, das System letztlich an allem schuld seien.

Nicht, daß dies alles plötzlich nicht mehr gelten soll – neu aber sind zweifellos die Stimmen der Selbstkritik und eines Sich-radikal-in-Frage-Stellens:

Wir wissen nicht, was wir wollen – aber das mit ganzer Kraft.

Längst wird das große NEIN nicht mehr ausschließlich dem Establishment, den Etablierten und anonymen Machtinstanzen entgegengeschleudert – längst wird es auch an die eigene Adresse gerichtet:

Kommt, laßt uns alle anders sein als ich!

Hier setzt jemand mit seinem Willen zur Veränderung nicht bei den Verhältnissen, sondern beim »Erkenne Dich selbst« des Sokrates an und kommt zu einem Resultat. Laßt uns zunächst einmal bei uns selbst beginnen!

Man darf dies ruhig als Hinweis darauf nehmen, daß die großen und allumfassenden ideologischen Entwürfe an Attraktivität eingebüßt haben. Einige haben da zweifellos die jüngere Geschichte der Revolte und des Aufbegehrens noch

einmal nachgelesen. Ihr Fazit: Jedes Kapitel ein Fehlschlag! Ihre ironische Aufforderung:
Laßt uns doch die alten Fehler wieder begehen – Genossen!
Man könnte übrigens mutmaßen, daß die Sprüche-Autoren hier einen anonymen Dialog führen, der sich mit teils erschreckender Folgerichtigkeit zu immer neuen und radikaleren Einsichten hochschaukelt. Beinahe zielsicher nähert sich dieser Dialog dem Begriff des Absurden, wie ihn Camus verstanden wissen will:
»Dieses Unbehagen vor der Unmenschlichkeit des Menschen selbst, dieser unberechenbare Sturz vor dem Bilde dessen, was wir sind, dieser ›Ekel‹, wie ein zeitgenössischer Schriftsteller es nennt, ist auch das Absurde. Auch der Fremde, der uns in gewissen Augenblicken in einem Spiegel begegnet, der vertraute und doch beunruhigende Bruder, den wir auf unseren eigenen Photographien sehen, ist wiederum das Absurde.«
Einer der anonymen »Dialog-Partner« hat diese Gedanken bereits intuitiv aufgegriffen und eine zynische Konsequenz gezogen. »Macht kaputt, was Euch kaputt macht?« Nein – schau in den Spiegel:
Zerstör', was Dich zerstört – zerstör' Dich selbst!
Mag sein, daß es sich hier um einen Einzelgänger handelt, der aber doch im Extremen das Exemplarische verdeutlicht: Theorien und Ideologien sind abgestanden, das »So-muß-es-gemacht-Werden« wird müde lächelnd mit einem »danke, gleichfalls« quittiert. Enttäuschung und Desillusionierung haben einen Rückzug bewirkt und damit gleichzeitig die Hinwendung zum Individuum – und die Kritik, die einst den Verhältnissen galt und vor allem radikal war, kehrt diese Radikalität nun gegen sich selbst.
In der Tat – noch niemals gab es, seit derartige Statistiken geführt werden, so viele jugendliche Selbstmorde wie heute. Immer mehr junge Menschen beenden ihr sisyphoshaftes Sichabmühen mit einem letzten Kraftakt, der ihr Leben

beendet. Sie geben es auf, sich in einer Welt zu behaupten, die aus ihrer Perspektive »dicht« (Camus) ist – in der sich das Leben nicht mehr ausleben kann, weil (wie einer ihresgleichen formuliert) selbst »Spontaneität wohlüberlegt sein muß«.

Man mag nun darüber streiten, ob diese Sichtweise überhaupt auf realen Erfahrungen beruhen kann – die Selbstmordrate jedenfalls ist so real wie alarmierend. Auch der eilfertige Hinweis auf den reich gedeckten Tisch hilft nicht weiter, wenn die Bereitschaft zum Essen nicht mehr da ist, weil ja jemand sein Dasein nicht als Verdauungsapparat auf zwei Beinen fristen möchte oder kann.

Wer sich umbringt, heißt es bei Albert Camus, legt ein Geständnis ab. Es handelt sich einfach um das Geständnis, daß es »nicht lohnt«.

Und er sieht »seine« Voraussetzung für ein freiwilliges Sterben so:

»Eine Welt, die sich – wenn auch mit schlechten Gründen – deuten und rechtfertigen läßt, ist immer noch eine vertraute Welt. Aber in einem Universum, das plötzlich der Illusionen und des Lichts beraubt ist, fühlt der Mensch sich fremd. Aus diesem Verstoßensein gibt es für ihn kein Entrinnen, weil er der Erinnerungen an eine verlorene Heimat oder der Hoffnung auf ein gelobtes Land beraubt ist.«

Da bleibt für manchen dann nur noch das Heil der Flucht ins Nichts oder zur chemischen Krücke. Karin, eine junge Fixerin, gibt den Effekt so zu Protokoll:

»Ich hab Mama, Papa in der Vene drin, ich hab's Zuhause in der Vene.«[32] Sie hat sich für den Suizid auf Raten entschieden.

Am Beispiel derjenigen, die so oder so resignieren, sind vielleicht auch all jene besser zu verstehen, die die »Er-Lösung« im Gewaltakt suchen:

Die Scheibe klirrt, der Sponti kichert, hoffentlich Allianzversichert.

Wahrscheinlich ist dieser Spruch nicht gerade originell, ganz bestimmt aber ist er irreführend, weil die vordergründige Freude an der Zerstörung nur das halbe Motiv liefert. Robert Musil warnt im »Mann ohne Eigenschaften«:
»Man ist gewalttätig, weil die Gewalt nach langem, ergebnislosem Reden wie eine Erlösung wirkt.«
In der Tat, und das ist ja auch keineswegs neu, kann Aggression befreiend wirken, die lange versagte Luft zum Atmen verschaffen – ein Phänomen, das im Amoklauf der Malaien ja seine besonders dramatische Zuspitzung erfährt.
Als vor einigen Jahren ein junger Amerikaner ein Hochhaus erstieg, um von einer besonders »günstigen« Position in die Menge schießen zu können, hatte er laut Vernehmungsprotokoll nur einen Wunsch: »Wenn sie mich schon nicht lieben, so sollen sie mich wenigstens fürchten und hassen.«
Aggression aus Hilflosigkeit? Aggression als verschlüsselte Botschaft an alle, die ungerührt ihrem Tagesgeschäft nachgehen? Etwa in dem Grundtenor: »Ich bin doch auch noch da. Mit mir müßt Ihr noch rechnen. Es kann doch nicht so leicht sein, mich einfach zu vergessen!« So ungefähr könnte die Botschaft lauten an denjenigen, der in der Telefonzelle einen abgeschnittenen Hörer vorfindet.
Seid furchtbar und wehret Euch – diese Losung hat wohl weniger zu tun mit Boshaftigkeit und Haß, mehr aber mit Lebensbejahung und der Sehnsucht danach, Inneres und Äußeres wieder ein wenig in Einklang zu bringen. Zumindest einige Revolteure müssen sich aber den Vorhalt gefallen lassen, daß man einem wie apokalyptisch auch immer ausgemalten Verhängnis nicht mit Draufschlagen, sondern mit der Haltung eines Doktor Rieux[33] (der Hauptperson in Camus' »Pest«) begegnet: mit kühler Übersicht und illusionsfreier Menschenfreundlichkeit.
Diese Ultima ratio findet denn auch ihre Anhänger im gewaltfreien Widerstand. Nur wer selbst gewaltfrei wird, kann dies von anderen verlangen. Wer sich auf die Straße setzt, um den

Transport von Raketen zu verhindern, wer auf einen Baum klettert, um ihn vor dem Absägen zu retten, der will die Gewalt denen vor Augen führen, die sie ausüben. So soll die Botschaft des gewaltfreien, des neuen Menschen getragen werden: mit kühler Übersicht und illusionsfreier Menschenfreundlichkeit.
Genau auf diese Mentalität des Doktor Rieux scheinen sich die Hoffnungen vieler Anhänger jugendlicher Protestbewegungen zu gründen.

Einzeln und frei wie ein Baum
und brüderlich wie ein Wald
ist meine Sehnsucht.

Sicher hätte dieser Spruch-Graffito Albert Camus aus der Seele gesprochen.

Kollektive: Grüne Soße und Rote Rolle

Das Theaterkollektiv »Grüne Soße« in Frankfurt bietet dem Arbeitskollektiv »Rote Rolle« Kulturelles nach Feierabend. Die Anstreicher und Tapezierer der »Roten Rolle« sind allerdings nur eines der vielen Kollektive im Frankfurter Raum, die ein Kleingewerbe aus einer besonderen Organisationsform heraus betreiben: Da gibt es zum Beispiel als Konkurrenz die »Stadt-Landstreicher«; das Elektrikerkollektiv »Die Strippenzieher«; die »Schmuddeljungen«, die Umzüge und Entrümpelungen bewerkstelligen; das Kollektiv »Laut und Leise«, bei dem man Lautsprecheranlagen entleihen kann; die Leute von »Schmierdruck«, bei denen man drucken lassen kann; die Vertriebs- und Produktionskooperative für Umweltpapier mit dem Namen »Also«; die Naturkostläden »Korntruhe«, »Regenbogen«, »Rhabarberbude«, »Grünkern«, »Lebensbaum«, »Sonnenblume«, »Kornland« und »Hexenbesen« – und »Schnipp-Schnapp«, weil hin und wieder die Haare ab müssen.

Aber auch auf seiten der Kulturanbieter herrscht Vielfalt: Man geht ins »Klappmaultheater«, ins »Vorläufige Frankfurter Fronttheater«, in die »Schmiere«, zur Theatergruppe »Mannstoll« und zu den »Erdferkeln«. Wer als Ausgleich die Kneipenszene vorzieht, mag sich für die »Endzeitspelunke«, für »Mampf«, »Rocksack«, »Schrottkopp« oder »Größenwahn« entscheiden – Musik ist im »Sandsturm«, in der »Werkstatt«, dem »Sinkkasten« und »Schlachthof« zu hören. Als Café empfehlen sich das »Muckefukk«, der »Noteinstieg«, das »TAT« und »Statt-Café«.

Von besonderer Bedeutung sind in der Szene die Buchladen-

Kollektive: Wer sich also etwas Literarisches »reintun« möchte, kann sich zum Beispiel an die Bücherläden »Land in Sicht«, »Gegenwind«, »Tatzelwurm« und »Literarix« wenden – insbesondere für Frauen steht der »Hexenbuchladen« zur Verfügung.
Die kuriosen Namen scheinen auch eine andere Einstellung zum eigenen Tun und vor allem zur potentiellen Klientel zu versprechen. Die »Wohlthat'sche Buchhandlung« in Berlin wendet sich zum Beispiel in einem Katalog wie folgt an ihre Kundschaft:

Guten Morgen,
zunächst mal schönen Dank auch, daß Sie sich spontan entschlossen haben, mal 1 Blick in unser komisches Angebotsheftchen zu werfen. SIE WERDEN ES BESTIMMT BEREUEN, denn jetzt sind Sie bereits mitten drin in einem RAFFINIERT AUSGEDACHTEN Arrangement von Warenfeilbietung, optischen Blickfängen & den Kaufrausch anfetzenden Sprüchen, ein Gewühl von SONDERANGEBOTEN, appetitlichen *Restauflagen* zu Dumpingpreisen, daß man sein Scheckheft nur so aus der Schublade rupft!
Wir empfehlen vor der Lektüre des BASARS ebenso *höflich* wie *dringend* das Studium unserer *Gebrauchsanweisung* auf der vorletzten Seite, denn sonst wird es, wie in BASAREN nun mal üblich, ganz unübersichtlich & zum Schluß bleibt dann das beste liegen, weil man bereits dem Händler HAUS & HOF überschrieben hat. Auf der allerletzten Seite ist dann der KUPONG, womit bestellt wird.
Das *Geheimnis der Ordnung* in diesem BASAR wollen wir schon hier verraten: es gibt keinerlei systematische Ordnung, Rubrizierung oder sonstiges, einfach deswegen, weil wir a) dazu keine Zeit und Lust hatten und b) auch meinen, daß der geneigte Interessent *wohlfeiler Literatur* sich mal ruhig selbst hier durchwühlen soll. WEG MIT DEM SPEZIALISTENTUM!
Das *Geheimnis der erschreckend niedrigen Preise* erklärt sich

durch unsere beherzte Großabnahme bei den Herren Großlieferanten, da können wir schon mal beiläufig die *Preise drücken*, sehr zum Ärgernis der Konkurrenz.
Alsdann, schöne Grüße: WIR ALLE!

Man gibt sich also in der Diktion und Produktpräsentation alternativ – und natürlich bleibt für den Adressaten völlig offen, ob die durchschimmernden politischen Ambitionen ernstgemeint sind oder ob man nur schlicht etwas verkaufen möchte. Auf alle Fälle: »Weg mit dem Spezialistentum« korrespondiert hervorragend mit dem Alternativler-Credo »Jeder kann alles« bzw. lernt es, indem er es sofort probiert.
Neben den bereits erwähnten Theater-, Kneipen-, Handwerker-, Bücher- und Lebensmittelkollektiven gibt es auch jene, die Rat und Hilfe für die verschiedensten Nöte und Sorgen anbieten: vom Mediziner-, Advokaten- und Frauenkollektiv bis zum »Rosa Telefon«, das Homosexuellen zur Verfügung steht (Wer das Gespräch unter vier Augen sucht, kann sich an das Schwulenkollektiv »Rosa Lüste« wenden).
Gibt es denn nun für all dies einen gemeinsamen Nenner?
Das Kollektiv kann man wohl als Nischeneinrichtung für Nicht-Einsteiger verstehen, als ein Gegenmilieu zur bürgerlichen Gesellschaft. Es will von traditionellen Berufsrollen, von Arbeitsteilung und Hierarchie nichts wissen und stellt über alles Tun den Anspruch der gemeinsamen Sache, zu der jeder das beiträgt, was er beitragen kann. Die Umgangsformen untereinander haben sich an den Grundsätzen der Gleichheit und Solidarität zu orientieren, was in der Praxis bedeutet, die Schwächeren »mitzuziehen«.
Der Appell der Erwachsenengeneration »Ihr sollt so werden wie wir« wird vom selbstverwalteten Kollektiv also nicht mit dem Gegenappell »Seid furchtbar und wehret Euch« beantwortet – sondern mit einem Gegenentwurf. Natürlich schlägt sich das Kollektiv (auf welchem Feld es sich auch immer betätigen mag) mit Problemen herum, die Frankfurts alterna-

tives Stadtmagazin »Pflasterstrand«[34] vor allem in der »Balance zwischen dem Recht auf Faulheit und Arbeitsdisziplin« ausmacht. Ironisch heißt es in dem von Daniel Cohn-Bendit verantworteten Magazin: »Doch stolz sind wir alle darauf, daß entgegen allen Ankündigungen der Naturkostladen noch nie um 10 Uhr offen war, die Kurbelwelle erst nach der Rückkehr aus dem Urlaub eingebaut wird.«
Hier mögen all diejenigen frohlocken, die jeden Versuch einer praktischen Neubesinnung im Bereich des Zusammenlebens und -arbeitens von vornherein als Flucht verdächtigen bzw. als frivole Illusion abtun (»Alter Kack im neuen Frack«) – vielleicht aber orientieren sich die Alternativinitiativen und -betriebe in bewußter Absicht nicht am Ideal des perfekt laufenden Räderwerks, weil sie genau dies als Wurzel vieler Übel glauben erkannt zu haben.
Was also will das Arbeitskollektiv, wenn es nicht wie geschmiert funktionieren will? Klaus Wagenbach vom Rotbuch-Verlagskollektiv nennt im »Pflasterstrand«[34] einige Gründe, die ins Kollektiv führen:
»Der Wunsch nach Stallwärme von denjenigen, die keine Familienwärme hatten. – Der Wunsch nach Gesprächen von denjenigen, die stummgehalten wurden. – Der Wunsch nach Gleichheit von denen, die sich ungleich fühlten.«
Hinter den skurrilen Namen vieler Kollektive verbirgt sich also auch ein anderer Zweck – den beispielsweise die »Rhabarberbude« auch ihren Kunden signalisiert, indem sie in einer Annonce »Naturkost und Tratsch« anbietet. Für diesen anderen Zweck freilich taugen die traditionellen Arbeitstugenden wie Fleiß, Pünktlichkeit und Beständigkeit nicht, und es müßten im Grunde völlig neue erfunden werden. Die Jugendsprache hat da zumindest schon einen Begriff parat, der möglicherweise auch das Tun im Kollektiv recht treffend umschreiben könnte: *ömmeln.*
Eine exakte Definition von dem, was *ömmeln* sei, gibt es nicht – *ömmeln,* so lautet die jugendliche Auskunft, »ist eben

ömmeln«. So kann nur aus einer vagen Ahnung heraus gesagt werden, daß es sich beim »Ömmeln« um ein Tätigsein handelt, bei dem die Gratwanderung »zwischen dem Recht auf Faulheit und Arbeitsdisziplin« halbwegs gelingt. Wer also am Klavier *herumömmelt*, berücksichtigt teils die kompositorischen Zwänge eines Stücks, teils aber auch die eigenen spontanen Eingebungen und Assoziationen. Das Spiel wird aus mangelnder Disziplin niemals perfekt – aber es ist von Anfang an *Feeling* dabei.

Feeling muß dabeisein – das ist zweifellos das Leitmotiv vieler Kollektive. Und genau dieses Leitmotiv ist es nach Klaus Wagenbach auch, das das Kollektiv irgendwann wieder sprengt: »Die Wünsche, die ins Kollektiv führen, (sind) fast die gleichen ..., die aus ihm herausführen: die Sehnsucht nach Selbstbestimmung und nichtentfremdeter Kommunikation.«

Die Sehnsucht nach dem Kuschelkollektiv – so scheint es – ist auf Dauer kaum zu erfüllen. Für die Initiatoren ist dies Gott sei Dank kein Grund zur Resignation, weil sie sich der Vorläufigkeiten und Unzulänglichkeiten ihrer Unternehmungen wohl bewußt sind. Einer aus der Szene formuliert die Lage einfach und offen: *Wir suchen dauernd!*

Freaks oder: Ich habe etwas gefunden

Es gibt Drogen-Freaks, Musik-Freaks, Motorrad-Freaks, Öko-Freaks, Show-Freaks und vieles mehr. Sie alle sind auf der Szene zu finden und mit den Definitionen in »Cassells Wörter-Buch« vermutlich gar nicht einverstanden:

freak (fri:k), s. die Laune, Grille, drolliger Einfall;
– (of nature), das Monstrum, die Mißgeburt.
freakish, adj. grotesk; launenhaft, grillenhaft.

Soviel zur Herkunft des Begriffs, den seine Träger oder Adressaten sicher insoweit akzeptieren würden, daß sie auf ihrer Suche nach Leben, Inhalt und Sinn auf irgendeine Weise glauben, fündig geworden zu sein.
Drei von ihnen sollen vorgestellt werden, die auf Kafkas Parabel »Gib's auf« eine jeweils individuelle Antwort gefunden haben.

Der Sound, der reinfährt

Hitparade

Singles

1. Wo bist Du?
   Spider Murphy Gang
2. Give me your Heart tonight
   Shakin' Stevens
3. Goody Two Shoes
   Adam Ant
4. Ebony and Ivory
   Paul McCartney & Stevie Wonder
5. Abracadabra
   Steve Miller Band
6. Verdamp lang her
   BAP
7. Carbonara
   Spliff
8. Eye of the Tiger
   Survivor
9. Da da da – ich lieb dich nicht
   Trio
10. Heat of the Moment
    Asia
11. I know There's something going on
    Frida

LPs

1. 8555
   Spliff
2. Hot Dog
   Shakin' Stevens
3. Good Trouble
   REO Speedwagon
4. Mirage
   Fleetwood Mac
5. Architecture & Morality
   Orchestral Manoeuvres in the Dark
6. Live '82
   Peter Maffay
7. Select
   Kim Wilde
8. Vun drinne noh drusse
   BAP
9. Exposed
   Helen Schneider
10. Ich will leben
    Markus
11. Trio
    Trio
12. Neuzeit
    Diverse Interpreten

12. Crimson and Clover Joan Jett	13. Still Life Rolling Stones
13. Shirley Shakin' Stevens	14. Rückkehr der phantastischen 5 Extrabreit
14. Ich will Spaß Markus	15. Shango Santana
15. View from a Bridge Kim Wilde	

Dies sind nicht alles Scheiben, auf denen Memo steht. Aber er kennt die Rangordnung der Plazierungen natürlich auswendig. Memo ist kein Musik-Freak, und doch gehört es zu den Höhepunkten seines Lebens, wenn er sich mit Freunden in seinem Zimmer der elterlichen Wohnung trifft: Dann hören sie ihre Musik.

Auf welchem Sound sie zur Zeit *abschwimmen?* Da werden viele Namen genannt:

UKW, BAP, AC/DC, ZA-ZA, DAF, ABC und natürlich die »Rolling Stones« aus Großenkneten: Trio. Aber auch »Die Krupps«, »Wirtschaftswunder«, »Treibstoff«, »Sperrmüll«, »Extrabreit«, »Grobschnitt«, »6er Pack« und selbstverständlich »Motörhead« haben sich in ihren Ohren *festgekrallt.*

Memo: Da sind sicher viele dabei, die schon in einem Jahr nichts mehr vom Teller ziehen. Die kommen auf 'ner neuen Welle angesurft, man zieht sie sich 'ne Weile rein – und dann ist irgendwann empty. Aber was soll's – wenn 'ne Gruppe nicht mehr antörnt, gibt's 'ne neue.

M-T: Ihr habt ja eben 'ne ganze Menge Gruppen aufgezählt. Wer von denen ist denn nach Eurer Meinung besonders originell?

Memo: Also – ich finde, »Die Krupps« – die bringen echt einen Wahnsinns-Sound. Zum Beispiel ihre »Stahlwerkssymphonie« ... da geht Power ab. Oder ihre Maxi-Single »Wahre Arbeit, wahrer Lohn« ... oder ihre LP »Volle Kraft voraus« – das fetzt! Reine Maschinenmusik ... und das Songmaterial ... da kommt 'ne Message rüber: viel Provokation und Ironie. Das bringt einen echt gut drauf.

M-T: Und Peter Maffay?

Memo: Der räumt echt ab. Mal soft, mal cool, mal knallig – meist aber mit viel Power und Drive. Den muß man sehen ... da kriegst Du 'n echtes Woodstock-Feeling. »Leben so wie ich es mag« – da singen fast alle mit, das ist 'ne echte Hymne! Der Maffay, das ist einer, der pumpt sich auf der Bühne seine ganze Wut aus'm Bauch ... ein Riesen-Typ ...

M-T: Welche Schallplatte hast Du Dir denn als letztes gekauft?

Memo: Zur Zeit steh' ich besonders auf »Survivor« und »Spliff«. »Eye of the Tiger« von »Survivor« – das haut voll rein. Dave, der Sänger, peitscht seine Songs heraus ... da geht echt die Post ab ..., und »Spliffs« »Carbonara« ist ein echter Hammer. Nicht zu vergessen ihre neue LP – astreiner Power-Rock mit Funky-Anstrich und knallharten Texten. Die heizen an ...

M-T: Wie finden denn Deine Eltern diese Musik?

Memo: Natürlich ätzend! Von denen kommt immer derselbe Kommentar: Mach die Musik leiser! Kann ich aber letztlich auch verstehen: Ich finde deren Musik auch schroff.

Und er fügt hinzu: »Wenn ich so richtig gewrecked bin und alles total abgefuckt finde – dann stellt mich nur meine Musik so einigermaßen wieder auf.«

Für viele Erwachsene mag das unverständlich sein – so unverständlich wie Sprache und Inhalt der Fanzines, jene Texte von Musik-Freaks für Musik-Freaks.

Da schreibt zum Beispiel Roberto Fischer in »Pin UP 16«:[35]

»(...) ich hörte die LP der *Young Marble Giants* zum ersten Mal über Kopfhörer in einem Plattengeschäft in Norditalien, zwischen einer Kinks-live bootleg und einem Collector von Otis Redding während im Laden laut Alice und Ivan Graziano lief. Ich fand die ausschnitte die ich hörte unbedeutend. Ein paar Wochen später schickte mir mein video-freund P. aus Basel eine Maxell UDXL C-90iger mit auserlesenen Sachen, darunter ein großer teil YMG-LP: der scherben – den ich mir unterdessen angeschafft habe – ist mir unentbehrlich geworden. Er enthält eine R ›n‹ R-*Kombination*, auf der ich echt geil bin ... (...). Auch muß ich sagen, daß ich nicht immer total vergiftet bin: es gibt zeiten in denen ich mich für Nachschub zu meiner Sucht auf den ›Zufall‹ verlasse – in der zwischenzeit greife ich den *alten* Haufen Vinyl und mach es mir mit *Second Hand Lights* gemütlich ... Jedenfalls, wie das so mit SUCHEN geht: plötzlich sprüht irgendwo ein *Funken* – und gleich ist man hooked / und dann BRAUCHT man diese Kombination (...).«

Der Musik-Freak hat ein sicheres Gespür für das, was ihm Power einhaucht.

Rassig im Drift und sehr, sehr giftig

»Also – die Suzi ist echt rassig im Drift, läßt sich locker umlegen, und hinten bläst einer zur Sache, daß die Ohren rauschen. Sie hängt sauber am Gas, zieht ohne Stotterer hoch und ist sehr, sehr giftig.«

Ein Motorrad-Freak erzählt.

Vom Allroundbike, das satte 200 km/h läuft, einem unheimlich handlichen Leistungshammer. Für einen Topspeedfan muß es ein irre geiles Feeling sein, mit dieser Rakete durch die Kurven zu pfeifen ... ein Nachwuchs-Schräglieger muß allerdings aufpassen, daß er nicht in der Botanik landet. Bei »High Beam« muß man sich auf alle Fälle mächtig hinter der Lederverkleidung zusammenfalten – die Suzi ist echt ein Superbike.

»Wenn man bei 180 Sachen in die Eisen geht, verzögert sie optimal. Die kannst Du echt brutal zusammenbremsen. Die Negativ-Beschleunigung ist einfach Spitze bei diesem Geschoß. Und dann das Aussehen: super-eigenwilliges Design, extravagantes Styling, futuristischer Look, aggressive Lackierung. Das Infobord im Kommandostand ist funktionell – selbst beim ersten Probetrab hat man auf Anhieb den totalen Überblick.«

Neben der Suzi (Suzuki) gibt es freilich noch andere heiße Öfen. Da ist beispielsweise der Softchopper von Yamaha, ein Bike zum Touren, Heizen und Bummeln. Ein Zweitakter sorgt hier für den rechten Bums: über 11000 Touren – da würde ein Viertakter längst seine Ventile ausspucken.

Sein Motor hechelt nur so nach Drehzahl – der robuste Paralleltwin ist echt durchzugskräftig.

Alles in allem: Die Yamaha vermittelt das typische Chopper-Feeling ... mit viel Dampf von unten raus und einem kernigen Sound. Bärenstark!

Der amerikanische Sozialwissenschaftler C. E. Osgood glaubt in seinen Forschungsarbeiten nachweisen zu können, daß bei jedem sprachlichen und nichtsprachlichen Geschehen ein Faktor im Spiel ist, den er »potency« nennt und der durch die Extrempole »schwach« und »stark« markiert wird. In der Tat fällt an der Jugendsprache auf, daß sich um diese beiden Pole sehr viele sprachliche Neuschöpfungen scharen. Wer mit seinen Kräften am Ende ist, der ist abgeschlafft, abgewrecked, abgebaggert, abgefuckt und ausgepowert; der hängt durch oder rum – bei dem ist tote Hose und Asche! Er ist ein Schlaffi, der auf dem Schlauch seines Lebensnervs steht – er selbst hängt seinen Hänger gern anderen an.
Die Sehnsucht kreist um den anderen Pol: Wo kann man sich den Kick holen, wo die notwendige Power einhauchen? Man geht dahin, wohin einen die Power trägt, möchte Action besitzen und zeigen – möglichst spontan und gemeinsam. Man powert sich an, powert rein und bleibt, wo die Wahnsinnspower ist: da also, wo's fetzt. Vollpower!
Im »Wörterbuch sinnverwandter Ausdrücke« von Peltzer/Normann findet der Leser zum Stichwort »stark« sechzig verschiedene Möglichkeiten – doch keine scheint so recht den Vorstellungen und Wünschen der Jugendszene zu entsprechen. So hat sie sich denn ein ihren Vorstellungen von Stärke und Kraft entsprechendes Vokabular geschaffen und die Felder erkundet, wo beides hin und wieder zu haben ist.
Der Motorrad-Freak mag sich da glücklich schätzen.

Nur keinen Affen kriegen!

Wolfgang läßt die Chemie für sich arbeiten – er ist ein Drogen-Freak. Als Schießer hat er nie genug Kohle, aber immer reichlich Angst vor einem Affen – ständig sitzt er ihm im Nacken und treibt ihn auf die Szene, auf die Suche nach Stoff für den nächsten Druck. Allein der Gedanke, auf Turkey zu kommen, wie der Entzug von den Drogen-Junkies genannt wird, jagt ihm eine Gänsehaut ein.
So muß er sich denn meist das Geld fürs Abdröhnen zusammenschlauchen und Schulden machen, bei den Pushern auf der Szene bei jedem Deal darauf achten, daß er nicht mit schlechtem Dope abgelinkt wird. Hat er dann endlich sein H oder O, ist er meist schon so gierig auf den Schuß, daß die Zeit gerade noch reicht, das nächste Klo aufzusuchen – sein Besteck hat er sowieso immer dabei.
Jemand, der so wie Wolfgang an der Nadel hängt, macht sich um mögliche Infektionen ohnehin keine Gedanken mehr. Die kreisen nur noch um die zu erwartende geile Abfahrt, um den Flash, der blitzartig seinen düsteren Alltag hell und farbig macht.
Wenn Wolfgang erst einmal stoned ist, gibt es nichts, was ihn noch anmachen kann – dann ist er ein echt cooler Typ – lässig, selbstsicher, unangreifbar.
Wolfgang steckt bereits voll im Teufelskreis drin: Er braucht immer mehr Stoff, um sich abdröhnen zu können – und er braucht immer schneller den nächsten Druck, um nicht auf Turkey zu kommen. Da kann er nicht wählerisch sein.

Wolfgang: »Als echter User brauchst Du am Tag zwei- bis dreimal etwa ein Gramm Heroin – soviel mußt Du Dir einfach reindrücken, um gut drauf zu kommen. Da mußt Du das nehmen, was Dir der Dealer gibt, auch wenn Du weißt, daß er ein Meister im Ablinken ist – daß das Zeug gestreckt ist ... zum Beispiel mit Mehl, Waschpulver, Zucker und weiß der Geier was alles. Aber was soll's ... als Fixer schießt Du Dir zur Not, wenn Du so richtig durchhängst, ja auch Kaffee, Hustensaft oder Rotwein ...«

Wolfgang nutzt jede sich bietende Gelegenheit, um sich zuzumachen – und da ist manchmal auch das Sniefen besser als gar nichts: Er schnüffelt Alleskleber, Plastikleim, Fleckenentfernungsmittel, Verdünner und Benzin. Die auf die Dauer sicheren Leber- und Nierenschäden, um nur einige Folgen aufzuzählen, sind ihm gleichgültig. Warum?

Wolfgang: »Ich weiß, was auf der Welt gebacken wird ... das ist doch alles abgefuckt! Schule, Lehre, Maloche – und dann mit Bleifuß zur Rente ... sag mir mal, warum das Leben sich lohnt?«

Wolfgangs gesamte Existenz hängt an den Krücken der Chemie. Längst buchstabiert er seinen Namen so:

W wie Weckamin oder Wahnsinn
O wie Opium oder orientierungslos
L wie LSD oder linken
F wie Fixer oder Freak
G wie Gras oder geleimt
A wie Affe oder Amphetamin
N wie Nadel oder Null-Bock
G wie ... ja, das letzte G in seinem Namen buchstabiert er vielleicht heimlich für sich schon wie »Goldener Schuß«.

Vielleicht ist es zynisch, Wolfgang in die Reihe derjenigen einzureihen, die einen Weg gefunden zu haben glauben. Das banalste Argument dafür wäre, daß jeder Weg letztlich ein

Weg zum Tode ist und Wolfgang sich halt nur für eine Abkürzung entschieden habe. Wolfgang aber mag für all diejenigen stehen, deren Alphabet durch die Begriffe »Amphetamin« und »zu« bestimmt ist – und damit für jene, bei denen die Sprache der Älteren, bei allem Bemühen, Sinn und Inhalt zu vermitteln, völlig versagt hat.
Damit sind allerdings auch die Grenzen der Sprache und des Sprechens aufgezeigt – denn bei aller Eloquenz und sprachlicher Einfühlung kann man auf die Dauer nur das geben, was man auch hat.
Bei der folgenden Schlußbetrachtung sollte man Wolfgang sofort wieder vergessen – oder, wenn man es aushalten kann, ihn und seine Sprache dagegenhalten.

No future für die Sprache der Jugend?

Vielleicht ist die Sprache der Jugendszene ein wenig so, wie sie sich die Philosophin und Sprecherin der »Grünen«, Manon Maren-Grisebach, wünscht:
»Bunt, frisch und manchmal liederlich, aufmüpfig und frech, aber nächstennah und daher verständlich.«
Wer sie benutzt und gestaltet, wehrt sich gegen das meist gutgemeinte, bisweilen aber auch arrogante »Ihr sollt so werden wie wir«. Aber auch dem jugendlichen Sprachbesitz droht bereits die Vereinnahmung durch sicher unerwünschte Teilhaber, ihre Sprachverstecke werden eifrig ausgekundschaftet. In einem Teilbereich unserer Wirklichkeit, dem gerade viele Jugendliche besonders skeptisch gegenüberstehen, wird längst vorgegeben, daß aus dem »Ihr sollt so werden wie wir« ein »Wir sind so wie Ihr« geworden sei:

Wer es noch nicht geschnallt hat – wir wissen, was Ihr wollt. Denn: »Schulmilch ist Disco-action!«
Sorgen um den richtigen Look? Wir empfehlen: »Die knakkige Röhre für junge Mädchen – Levi's.«
Probleme mit der Knete? »Prima Giro. Wer's hat, blickt durch.«
Für alle, die durchhängen – eine Quizfrage: »Wer ist unheimlich stark – Mars!«
Hallo, ihr Musik-Freaks: »Holt Euch jetzt den bärenstarken Sound von Juji FR-II.«
Wollt Ihr durch die Pampa brettern? »FIAT Panda – einfach bärig.«

Wer hin und wieder einen Hugo braucht – »Godewind hat den tierischen darkfired-taste.«
Ein geiler Tip für alle Schnecken, Tussis und Supermütter: »›ob‹ heißt mitmachen, nicht rumhängen.«
Probleme mit der Zweierkiste? »Ein Brief kann auch mal unheimlich abgehen. Schreib mal wieder … Post.«
Ein exklusives Angebot, auf dem nur der Durchblicker abfahren darf: »Für alle, die nicht alles so eng sehen – Fruit of the Loom.«
Schwierigkeiten bei der Anmache? »Mit TWENT FLUID no future für Pickel und Pickelkeime.«

No future für die Sprache der Jugend? Müssen Pimo und Bene, Andy und Tina damit rechnen, daß ihre Sprache allmählich aufgesogen und ihnen damit weggenommen wird? Vielleicht begreifen sie dies aber auch als Beweis für die Lebendigkeit und Lebensnähe ihrer Art des Sprechens im Vergleich zu den Wortschöpfungen der Älteren: Die Chance, daß einmal die »rauhfutterverzehrende Großvieheinheit« der EG-Bürokraten das Wort »Kuh« ersetzen wird, ist doch verhältnismäßig gering. Da ist es doch wahrscheinlicher, daß man sich eines Tages darauf verständigt, daß die in Brüssel zweifellos *ein Rad ab haben.*
Bis ihre sprachlichen »Schlampereien« von gestern allerdings im Duden stehen, haben Pimo und die anderen längst neue erdacht und sich damit einen anderen Schlupfwinkel gebaut. Die Jugend – und es ist zu wünschen, daß sie dies weiß und nutzt – hat das Gesetz der Zeit auf ihrer Seite. Deshalb kann Pimo auch recht selbstbewußt sagen: *Sie verfolgen uns – doch wir sind schneller.*
So geht es denn in den folgenden, lexikalisch geordneten Wörtern und Sprüchen der Jugendszene gar nicht darum, gleichzuziehen. In jedem Moment, in dem man glaubt, die Sammlung abschließen zu können, ist man bereits abgehängt.

Der Leser aber mag spüren, daß diese Worte mehr als ein Stimmhauch, daß sie für das Leben und Denken ihrer Schöpfer und Benutzer vielmehr charakteristisch sind – und er mag spüren, daß sich in manchem Begriff die Bereiche des Bewußtseins und des Unbewußten verschränken und damit letzteres die Chance erhält, sich zu Wort zu melden. Gerade dies ist ja in unserer Umgangssprache, die sich offensichtlich immer mehr zur Abstraktheit hin entwickelt, ein seltenes Ereignis geworden.

Noch 'n Spruch – Kieferbruch!

Sprüche haben eine uralte Tradition, die ursprünglich in magischen Vorstellungen verwurzelt war. Aus dem antiken Pompeji ist uns zum Beispiel der folgende Wortzauber überliefert:

S A T O R
A R E P O
T E N E T
O P E R A
R O T A S

Man kann die fünf Wörter vorwärts, rückwärts, aufwärts und abwärts lesen und benutzte sie bis ins 18. Jahrhundert als Zauber gegen Seuchen und Feuer. Die Bedeutung des »magischen Quadrats« ist allerdings bis heute nicht recht geklärt. Einer von vielen Übersetzungsversuchen lautet zum Beispiel: »Christus, der Sämann, hält mit dem Pflug des Kreuzes das Rad des Schicksals auf.«
Manche Sprüche üben auch auf den modernen Menschen eine fast unheimliche Faszination aus, bisweilen greifen sie sogar in sein psychisch-vegetatives Gefüge ein: So werden Gürtelrosen und Warzen mit offensichtlichem Erfolg »besprochen« oder mittels bestimmter Sprachmuster hypnotische Trancezustände erreicht. Der amerikanische Tumorforscher Simonton setzt neue Hoffnungen in den alten Sprüchezauber der Medizinmänner und Wunderheiler vergangener Zeiten. Er suggeriert seinen Krebspatienten die bildhafte Vorstellung ein, daß ihre weißen Blutkörperchen Eisbären sind, die beutegierig durch den Körper streifen und jede Krebszelle reißen, die sie unter die Krallen bekommen.

Der Kommunikationsforscher Paul Watzlawick sieht in den rechtshemisphärischen Sprachformen, also in jener Art und Weise des Sprechens, die in unserer rechten Gehirnhälfte Bilder hervorruft, den »Königsweg therapeutischen Wandels«. Er ist davon überzeugt, daß die Sprache der rechten Hemisphäre unseres Gehirns am ehesten in der Lage ist, unser Bild von der Welt und unsere Befindlichkeit in ihr auszudrücken – und daß sie damit zugleich der »Schlüssel zum In-der-Welt-Sein und des An-der-Welt-Leidens eines Menschen« ist.
In seinem Buch »Die Möglichkeit des Andersseins« bringt Paul Watzlawick[36] faszinierende Beispiele für jenes »Zusammentreffen des Erlebens der Welt in ein Bild«. So erwähnt er Karl Kraus, der in die allgemeine Kriegsbegeisterung des ersten Weltkriegs hineinruft: »Ja, es ist ein chlorreicher Krieg«, oder James Joyce, der in seinem »Ulysses« von »syphilisation« statt »civilisation« spricht, oder Jörg Mauthe, der die Österreicher als »Irrelevantiner des Westens« bezeichnet. Unvergeßlich bleibt die sprachliche Verdichtung, die Karl Kraus assoziativ aus dem Titel des von den Nazis verdammten Werkes von Oswald Spengler: »Der Untergang des Abendlandes« ableitete: Er machte die Naziideologen zu den »Untergangstern des Abendlandes«. Paul Watzlawick: »Untergangster statt Untergang – vier zusätzliche Buchstaben, aber welche Fülle von völlig geändertem Sinn ...«
Die Spruchkultur der Jugend soll nicht an der sprachlichen Genialität eines Karl Kraus gemessen werden, doch die Mittel der sprachlichen Verdichtung und rechtshemisphärischen Ausdrucksweise werden bisweilen kaum weniger gekonnt eingesetzt:

Wir lassen uns nicht BRDigen!
Kernkraft ist todsicher!
Krieg dem NATOD!
Was Lacostet die Welt?!

So sprachlos, wie häufig diagnostiziert, kann die Jugend eigentlich nicht sein.
Die folgende Spruchsammlung soll einen einigermaßen repräsentativen Eindruck von dem, was sich diesbezüglich auf der Szene tut, vermitteln.

Stichworte: Atomkraft und Rüstung

AKW – nee!
Gorleben soll leben!
No Atomkraft in my Apfelsaft!
No Atomstrom in my Wohnhome!
Kein Atommüll auf den Mars – denn Mars bringt verbrauchte Energien zurück!
Für eine strahlende Zukunft!
Lieber heute aktiv, als morgen radioaktiv!
Atomkraft ist lustig – sie strahlt immer!
Rührei zum Frühstück, sagte Plato, ist besser als die ganze Nato.
Ja zum Krefelder Appell – nein zur Birne Helene!
Besser ungekämmt, als vom Stahlhelm frisiert.
Stellt Euch vor, es gäbe Krieg und keiner ginge hin!
Entweder wir schaffen die Rüstung ab – oder die Rüstung schafft uns ab!
Frieden schaffen ohne Waffen!
Make love – not war!
Baut keine neuen Atomraketen, bevor die alten nicht verbraucht sind!
Besser 'ne freundliche U-Bahn – als 'n freundliches U-Boot.
Besser neutral als Neutronen.
Besser Jägermeister als Düsenjäger.
Besser 'n Hochstapler als 'n Tiefflieger.
Gestern standen wir am Rande des Abgrunds – heute sind wir schon einen Schritt weiter.

Lieber geil als Cruise-Missile.
Nepal statt Napalm!
Wahn und Wissen gegen Wehr und Waffen!
Petting statt Pershing!
Der Enkel und sein Opa wollen Frieden in Europa.
Lieber soziales Klimbim als atomares Bumbum.
Spaltet Holz und keine Atome!

Stichwort: Politischer Protest

Wer sich nicht wehrt, lebt verkehrt!
Legal – illegal – scheißegal!
Wir lassen uns nicht einmachen, kleinmachen, gleichmachen!
Ein kluges Wort und schon ist man Kommunist.
Immer heiter – der Häuserkampf geht weiter!
Wie der Faschismus – wieder Faschismus – wider Faschismus!
Auf die Dauer hilft nur Frauenpower!
Breit sein, frei sein, Terror muß dabei sein!
Instandbesetzen – statt kaputt besitzen!
Lieber alternativ als passiv.
Haut die Bullen platt wie Stullen!
Ich bin gegen alles!
Ich bin dagegen!
Wir sind die Null-Bock-Fraktion!
Seid realistisch – fordert alles!
Wir wollen alles – jetzt!
Macht kaputt, was Euch kaputt macht!
Keine Macht für niemand!
Das Chaos sei willkommen – die Ordnung hat versagt.
Besser FKK als FDP.
Es gibt viel zu packen – tun wir's ihnen an.
Lieber kopulieren als koalieren!
Mollis statt Müsli!

Quarkrahm statt Startbahn!
Radfahrer aller Länder, vereinigt Euch. Ihr habt nichts zu verlieren als Eure Ketten.
Sägt die Bonzen ab – laßt die Bäume stehen.
Seid furchtbar und wehret Euch!
Seid unrealistisch – verlangt was Ihr wollt!
Sprengt Euren Rasen – und alles andere auch in die Luft.
Was lange gärt wird endlich Wut.
Anton statt Beton.
Haut den Bossen auf die Flossen.
Randale!
Anarchie statt Lethargie!
Anarchie auch für Sie!
Anarchie ist machbar, Herr Nachbar!
Mit Anarchie und LSD bekämpfen wir die BRD.
Alle Macht der Phantasie!
Überall, wo wir sind, herrscht Chaos – aber wir können nicht überall sein.
Genug ist nicht genug – wir wollen alles jetzt!

Stichwort: Lebensgefühl / Selbstbild

Kein Bock auf nix!
Null Bock!
Wir sind die Null-Bock-Fraktion.
Ohne Rock kein Bock!
Wahnsinn, das ganze Leben ist Wahnsinn.
Jugend 1983: Das Produkt des deutschen Wahnsinns!
No future!
No hope, no dope, no future!
Wie es ist, ist es Mist!
Der ganz normale Wahnsinn.
Du hast keine Chance, darum nutze sie!
Zukunft wegen Mangel an Beteiligung abgesagt.
Ratschläge sind auch Schläge.

Einstein ist tot, Newton ist tot – und mir ist auch schon ganz schlecht.
Alle sind zufrieden – keiner ist glücklich.
Ich geh' kaputt – wer kommt mit?
Dreht Euch nicht um, der Frust geht um.
Man hat's nicht leicht – aber leicht hat's einen.
Das Leben geht weiter – aber ohne uns.
Zerstör, was Dich zerstört – zerstör Dich selbst!
Solange wir die Freiheit haben, zu träumen, träumen wir, die Freiheit zu haben.
High nun – denn morgen können wir tot sein.
Hört auf zu weinen, das war erst der Anfang.
Es ist unwichtig, wo wir den Rest unserer Tage verbringen – es sind nicht mehr viele.
Let's fetz!
Love is beautiful!
Wir gehen nach Hollywood die Sonne putzen.
Wir sind wir – und wir machen, worauf wir Bock haben!
Die Leute hier sind alle zubetoniert.
Wir sind die Leute, vor denen uns unsere Eltern immer gewarnt haben.
Wären wir alle Ratten und Schmeißfliegen, ließen wir den Scheiß liegen.
Ramba-Zamba in der Pampa!
Ich bin sinnlos!

Stichwort: Selbstironie und -kritik

Es gibt noch viel zu tun – fangt schon mal an.
Die Weisheit jagt mich – doch ich bin schneller.
Es gibt viel zu tun – warten wir's ab.
Wo wir sind, klappt nichts – doch wir können nicht überall sein.
Wir wissen nicht, was wir wollen – doch das mit ganzer Kraft.
Spontaneität muß wohlüberlegt sein.

Laßt uns doch die alten Fehler wieder begehen, Genossen!
Kommt, laßt uns alle anders sein als ich.
Ich bleib' meinem Motto treu – schwul, pervers und arbeitsscheu.
Ich mach' mir meine Katastrophen selber.
Fighting for peace is like fucking for virginity.

Stichwort: Maximen

Take ist easy – but take it!
Lieber locker vom Hocker als hektisch über'n Ecktisch.
Am Morgen ein Joint, und der Tag ist dein Freund.
Lieber arm dran als Arm ab.
Lieber ein offenes Hemd als ein offenes Bein.
Besser heimlich schlau als unheimlich doof.
Keine Panik auf der Titanic.
Morgenstund ist ungesund.
Trau keinem über 30!
Leben – jetzt!
Live fast – die young!
High sein, frei sein, Sonne muß dabei sein!
Frauen haben Männer so nötig wie Fische ein Fahrrad.
Frauen sind Männersache.
Lieber Sonne im Herzen als Eis am Stiel.
Nicht reden – werfen!
Lieber Oberursel statt unter Ursel.
Unordnung: wo nichts am rechten Platz ist – Ordnung: wo am rechten Platz nichts ist.
Lieber bekifft als High Society.
Auch die Linke braucht Pinke.

Stichwort: Nonsens (zum Nachdenken)

Freiheit für alle – weg mit der Schwerkraft!
Freiheit für Luis Trenker – nieder mit dem Watzmann!

Nieder mit dem Watzmann – freie Sicht auf Südtirol!
Legalize Himbeereis!
Unterstützt die Volksfront zur Wiedervereinigung der Spalttablette!
Nieder mit der Schwerkraft – es lebe der Leichtsinn!
Freiheit für Grönland – weg mit dem Packeis!
Nichts ist nichts – aber etwas ist auch nicht viel.
Wer früher stirbt, ist länger tot.
Lieber Ostern als Western.
Amis raus aus USA, Winnetou ist wieder da!
Nie wieder Jungfrau!
Nitribitt ist nicht mehr fit!
Edel sei der Mensch, Zwieback und gut.
Es gibt solche und solche, aber mehr solche als solche.
Lieber Ente und roh, als ganz und gar.
Steigt der Eber auf den Erpel, gibt's noch lange keine Ferkel.

Jugendsprache von A–Z

A

abartig
gehört zu den Lieblingsvokabeln, um Mißbilligung und/oder Erstaunen auszudrücken. Ein »Typ« (Mann) kann z. B. *abartig* sein, oder seine Kleidung, eine bestimmte Musik, eine Aufgabe. Umgangssprachlich würde man sagen: bizarr, ausgefallen, grotesk, ungewöhnlich; aber auch: provozierend, scheußlich.

abblödeln
Wenn junge Leute sich einen abblödeln, geht es in der Regel darum, einander in Nonsensgesprächen zu übertreffen. Gefragt ist vor allem derjenige, der neue Nonsenssprüche einbringen kann. In der Umgangssprache: herumalbern.

abbürsten
Jemanden verprügeln. Verniedlichende Ausdrucksweise für den Vorgang, jemandem aufs Fell zu rücken.

abdrehen
Wenn jemand abgedreht ist, dann heißt das soviel wie: Bei dem ist eine Schraube locker, der spinnt. Wenn man etwas nicht fassen kann, ist es möglich, daß man selbst abdreht: *Da drehst' ja ab!*

abdröhnen
Sich abdröhnen steht für »sich unter Drogen setzen«. Wer sich unter Drogen setzt, schirmt sich von bestimmten Umwelteinflüssen ab. (s. *dröhnen, sich volldröhnen*)

abfahren
Wer auf etwas abfährt, ist gefühlsmäßig voll auf Fahrt gekommen. Der Begriff steht also für eine schwungvolle Begeisterung, die zum Beispiel durch eine Frau, einen Mann, ein Buch oder eine Story ausgelöst wird. Die Auslöser dieses Enthusiasmus können neben einer abgefahrenen Frau auch abgefahrene Klamotten oder eine abgefahrene Wohnung sein. Beliebte Statements: *Da fahr' ich voll drauf ab! Da könnte ich nie drauf abfahren!*

Abflug
Einen Abflug machen: weggehen, sich aus dem Staube machen. Als Aufforderung: *Mach 'n Abflug!*

abgebaggert
ist jemand, der körperlich und seelisch am Ende ist, bei dem also alle Reserven erschöpft sind. So ist jemand zum Beispiel nach mühsamer und erfolgloser Lehrstellensuche völlig abgebaggert.

abgefuckt
ist alles, was hinterlistig, durchtrieben, verschlagen und gegen die eigenen Interessen gerichtet ist: abgefuckte Masche, Sache; abgefuckter Typ. (s. *abwichsen*)

abgehen
Wenn jemand sagt, daß ihm einer abgehe, so gibt er damit einen äußerst hohen Erregungszustand kund. *Da geht Dir einer ab:* Das kann ja wohl nicht wahr sein, das ist ja nicht zu fassen. Das die eigene seelische Befindlichkeit betreffende jugendliche Vokabular bezieht sich recht häufig auf Vorgänge der Sexualsphäre.

abgeilen
heißt so viel wie: sich beruhigen, sein seelisches Gleichgewicht wiederfinden. Auch hier wird ein Vorgang aus dem Sexualbereich breiter verwendet. Häufig auch als Appell benutzt: *Nun geil dich mal wieder ab!*

abgemackert
ist alles, was längst ein alter Hut ist. Wenn jemand mit einer abgemackerten Tour kommt, so ist das, was er da treibt oder sich einfallen läßt, keineswegs originell und obendrein hinterhältig. (s. *Macker*)

abgespitzt
eine abgespitzte Sache ist durchtrieben, hinterlistig, ausgekocht und auf alle Fälle verwerflich. In diesem Zusammenhang wird häufig von abgespitzter Moral oder abgespitzten Idealen der Älteren gesprochen. Auch als Vorwurf: *Das finde ich unheimlich abgespitzt von Dir! Das ist doch eine abgespitzte Geschichte.*

abheben
Hier handelt es sich um einen Begriff, der aus dem in der Drogenszene wohlvertrauten Gefühl des Schwebens bzw. einer allgemeinen Leichtigkeit und Schwerelosigkeit abgeleitet ist. Der Ausdruck steht für eine starke gefühlsmäßige Bewegung, in der Regel für unbändige Freude oder ein erhebendes Glücksgefühl. Häufig als Ausruf: *Ich heb' gleich ab! Ich glaub', ich heb' ab!*

abhotten
kann man sich einen in der Disco, in der kunstvolle Tanzfiguren bekanntlich nicht gefragt sind. Wer sich einen abhottet, versucht eher gegen den Takt anzuspringen, um sich so seelisch-körperlich zu befreien.

abjacken
Die Jacke ablegen, ausziehen.

ablachen
Aus vollem Herzen lachen. Der Begriff ist durchaus im Sinne der Freudschen Abfuhr seelischer Spannungen zu verstehen – wer sich ablacht, befreit sich durch Lachen.

ablinken
Ein Wort für hereinlegen oder ausnutzen. Besonders gebräuchlich in der Drogenszene, in der man davon ausgehen muß, daß jeder jeden abzulinken versucht. Aber auch anderswo kann man perfekt abgelinkt werden. (s. *link, linken*)

abmischen
Jemanden verprügeln. Möglicherweise stammt dieses sprachliche Bild aus dem Kartenspiel, bei dem so gemischt wird, daß einer mit Sicherheit ein mieses Blatt erhält – wer abgemischt wird, hat also die schlechteren Karten. (s. *aufmischen*)

abräumen
Wenn Peter Maffay auf seiner Konzerttournee tüchtig abräumt, dann sind alle Veranstaltungen ausverkauft, und für seine Konkurrenten bleibt nichts nach. Wer abräumt, erfreut sich also allerhöchsten Zuspruchs. *Der räumt echt ab!*

absahnen
Wer absahnt, verdient viel Geld, muß sich aber den Vorwurf anhören, daß dies auf Kosten anderer geschieht. Die Jugendszene sieht die Absahner in erster Linie in der Wirtschaft.

abschlaffen
Wer abschlafft, ist mit seinen Kräften am Ende: *Ich bin total abgeschlafft!* Ein physiologischer Vorgang aus dem männli-

chen Sexualbereich wird zur Beschreibung der allgemeinen Befindlichkeit benutzt. (s. *Schlaffi, durchhängen, Hänger*)

abschminken
Verzichten, ein Vorhaben aufgeben, zurückstecken: *Das kannst Du Dir abschminken!* Wer sich abschminken darf, hat seinen Part gespielt und kann die Bühne verlassen.

abschnallen
Völlig überrascht, verblüfft, aus dem Häuschen: *Ich glaub', ich schnall' ab! Nun schnall man nicht gleich ab!* Die Vokabel bezieht sich vermutlich auf das Verhalten desjenigen, der angesichts eines umwerfenden Ereignisses eine bestimmte Tätigkeit abrupt unterbricht: Er schnallt den Helm, Gürtel, Rucksack oder seine Ski ab.

abschwimmen
Wer zum Beispiel in einem Sound voll abschwimmt, geht in einer Musik völlig auf, läßt sich mit ihr treiben. Wer abschwimmt, ist also emotional in eine starke Strömung geraten, gegen die er machtlos ist. (s. *abfahren*)

abwichsen
Abgewichst ist in der Jugendsprache jedes Verhalten, das sich egozentrisch über die Interessen und Belange anderer hinwegsetzt. Der Begriff bezieht sich auf die Onanie, der ja jeder partnerschaftliche Bezug fehlt. Eine abgewichste Tour ist folglich etwas, das heimlich und ohne Rücksicht auf andere vorbereitet und in die Wege geleitet wird. Mit der Heimlichkeit des Tuns wird eine gewisse Hinterhältigkeit unterstellt.

abziehen
Der Begriff steht für ausnehmen, ausrauben. Besonders gebräuchlich in der Drogenszene, wo man immer damit rechnen

muß, daß einem das Fell über die Ohren gezogen wird. Man kann aber auch eine »Show abziehen«, d. h. durch allerlei Mätzchen und Gags versuchen, die Aufmerksamkeit auf sich zu ziehen. Wenn jemandem unterstellt wird, daß er »echt 'ne Show abzieht«, so ist er allerdings längst durchschaut.

Acid
Bezeichnung für Halluzinogene. Acid bedeutet im Englischen Säure und steht in der Drogenszene synonym für »Trip«. Andere übliche Bezeichnungen für Acid: Yellow-Sunshine-Trip, Kalifornischer Trip, Morning Glory.

Action
gehört zu den Lieblingsvokabeln der Jugendszene und ist zugleich Inbegriff eines erfüllten Daseins. Interessant ist es in erster Linie da, wo voll Action ist oder wo man Action machen kann – da ist eben auch Leben. Das Wort steht für eine Betriebsamkeit, die vor allem durch Spontaneität und Kreativität gekennzeichnet ist.

Affe
Einen Affen haben. Bezeichnung aus der Drogenszene für jemanden, der auf Entzug ist. Der Affe ist also die Sucht, die einem ständig im Nacken sitzt und einem übel mitspielt, wenn man nicht rechtzeitig neuen Stoff bekommt. (s. *Turkey*)

affengeil
ist alles, was unübertrefflich gut, ganz toll ist: affengeile Musik; affengeiler Ofen (Motorrad); affengeile Show. Der Begriff knüpft an bestimmte Beobachtungen im Tierpark und so zum Ausdruck kommende positive Erregung an. Begriffliche Steigerung: oberaffengeil. (s. *geil*)

Afghan
Der schwarze Afghan ist eine gängige Haschischmarke (s. *Shit*). Üblich sind auch: grüner Türke, roter Libanese, südamerikanisches Gras, dunkelbrauner Pakistan, schwarzer und weißer Nepal.

ätzend
ist alles das, was in irgendeiner Weise zu mißbilligen ist. Das Wort steht für schlimm, übel, schäbig, ungünstig, abscheulich, kränkend, unrecht, furchtbar, beklagenswert, schmerzlich, gemein, niederträchtig, böswillig, höllisch. Es greift einen seelisch und/oder körperlich an.

Alki
Alkoholiker.

Alte, Alter
Vielseitig verwendbarer Begriff aus dem jugendlichen Standardvokabular. Bezeichnet wird zum Beispiel damit der feste Freund oder die feste Freundin, aber auch die Eltern. Üblich auch als herabsetzende Anrede: *Mach mich nicht an, Alter! He Alter! Is' was, Alter?*
Wenn jemandem vorausgesagt wird, daß er in einer bestimmten Situation recht bald *alt* aussähe, muß er damit rechnen, ins Hintertreffen zu geraten bzw. den kürzeren zu ziehen: *Da siehst Du schnell echt alt aus!*

Anarchozeichen
Anstecknadel (Button, Badge), an der sich die Anhänger anarchistischer Ideen erkennen.

anfetzen
steht für animieren, anfeuern, auf Trab bringen. So wird zum Beispiel in Supermärkten der Kaufrausch angefetzt. Wo angefetzt wird, sorgt man also für Schwung und Stimmung: *Es*

fetzt! Der Begriff stammt aus dem Showgeschäft, wo auf Konzerten ja hin und wieder die Fetzen fliegen. (s. *anheizen*, *anpowern*)

anfixen
In der Drogenszene versuchen Dealer ständig, neue Kunden zu finden und zur Droge zu verführen. Wenn es ihnen gelingt, jemanden anzufixen, können sie sich ihres neuen Opfers fast sicher sein. (s. *fixen*)

angepunkt
ist jemand, der sich in Verhalten und Aussehen von den Punkern beeinflussen läßt, ohne gleich dazuzuzählen. Er mag sich vielleicht mit einer lila Haarsträhne oder mit einem besonders auffälligen Kleidungsstück begnügen. (s. *Punker*)

angetoucht
ist man, wenn einen etwas oder jemand besonders berührt hat. So kann einen zum Beispiel ein Gespräch *easy* angetoucht haben. Anglizismen sind in der Szene recht beliebt, werden aber im Sinn häufig verändert.

angraben
Flirten, jemandem den Hof machen, sich um ein Mädchen bemühen. Wer versucht, eine *Schnecke* anzugraben, bemüht sich um ein besonders geschicktes Vorgehen, er wählt also den mühsamen und langwierigeren Weg.

anheizen
Stimmung machen, für Schwung und Laune sorgen. (s. *anfetzen*, *anpowern*)

anmachen
steht in der Häufigkeit der Verwendung zweifellos ganz oben. Angemacht wird zum Beispiel ein Mädchen oder ein

Typ, wenn man Gefallen gefunden hat – und dies sicher in der Hoffnung, ebenfalls ein »Feuer zu entfachen«. Im Vergleich zum *angraben* kommt man allerdings ohne große Umstände recht schnell zur Sache. Mögliche Antwort des anderen: *Mach mich nicht an, Alte(r)!*
Manches Mädchen könnte die ständige Anmache in einer Disco auch so leid sein, daß sie nicht mehr hingeht. Auch gibt es Jugendliche, die das ganze Leben für eine ständige Anmache halten – sie macht so ziemlich alles an. Häufig auch als Ausruf: *Das macht mich echt an!*

anmotzen
steht für ausschimpfen, zurechtweisen, tadeln, anmeckern, mosern, scharf anfahren. Anmotzen ist eine besonders scharfe Form des »Anmachens«. (s. *rummotzen*)

annerven
Auf die Nerven gehen. Häufige Aussageform: *Das nervt (echt) an! Ich bin total genervt! Das ist echt nervig!* (s. *nerven*)

anpowern
Jemanden anspornen, in Schwung bringen; Stimmung machen. Eine Band powert z. B. ihr Publikum an. (s. *anheizen, reinpowern*)

anstinken
steht für unerträglich, widerlich, scheußlich. Zum Beispiel: Die Ausbildung stank mich unheimlich an.
Manche Jugendliche, denen etwas stinkt, versuchen, gegenanzustinken – sich also zur Wehr zu setzen. Besonders beliebte Ausdrucksweise für die eigene Seelenlage: *Das stinkt mir alles! Das stinkt mich hier alles an!*

antörnen
kann man sich mit Shit wie Haschisch und Marihuana, aber

auch mit den verschiedensten anderen Rauschmitteln. Je nach Härte der Droge begibt man sich auf eine Reise (Törn) in eine andere seelische und körperliche Befindlichkeit – möglicherweise in eine andere Welt. Der »Törn« führt unterschiedlich weit weg – sein Ende ist meist recht ernüchternd. Antörnen kann einen aber auch ein hübsches Mädchen, eine bestimmte Musik oder eine Geschichte – entscheidend ist das entrückende Gefühl.

arbeiten
steht in einem bestimmten Zusammenhang für küssen, knutschen: an der Mutti arbeiten, sich abarbeiten.

Asche
ist immer da, wo ein Unterfangen nichts mehr bringt bzw. bereits gelaufen ist. Beliebte Formulierung: *Das ist doch Asche!* – also sinnlos, nutzlos, unergiebig.

asten
steht für hart arbeiten, sich abmühen und leitet sich bildlich vom Schleppen schwerer Lasten ab, die man in der Regel »auf den Ast« nimmt.

astrein
Ohne Makel, völlig in Ordnung, tadellos: ein astreiner Typ, eine astreine Sache.

aufknacken
Auferlegen, jemanden mit etwas belasten: Viele Jugendliche haben das Gefühl, von den Älteren immer nur Probleme und Zwänge aufgeknackt zu bekommen.

aufmachen
Wer versucht, jemanden aufzumachen, bemüht sich um Zugang zu einer Person, möchte sie kennenlernen. So sagt sich

zum Beispiel ein Typ angesichts eines Mädchens, das ihm besonders gefällt: *Die möchte ich gern mal aufmachen!* (s. *reinsprechen*)

aufmischen
Verprügeln. (s. *abmischen*)

aufmotzen
Recht gebräuchliches Wort für sich in Szene setzen, sich herausstellen, angeben. Mancher versucht das beispielsweise mit aufgemotzten Klamotten oder einem aufgemotzten Motorrad. Dabei kann auch der ganze Typ oder das Mädchen für recht aufgemotzt gehalten werden.

aufreißen
kann man eine riesige Tussi oder einen heißen Typen: den Kopf verdrehen, erobern, gewinnen, rumkriegen. Viele gehen in erster Linie in eine Disco, um jemanden aufzureißen, ja man trifft dort regelrechte Aufreißertypen, die die Aufreißtechniken besonders gut beherrschen. Man kann aber auch eine neue Clique, Kneipe oder ganz allgemein neue Möglichkeiten für sich aufreißen. Häufig als Aufforderung: *Laß uns mal was (Neues) aufreißen!*

ausflippen
steht für durchdrehen, die Nerven verlieren, nicht mehr wissen, wo es längs geht. Eine Situation kann so zum Ausflippen sein, daß man die Kontrolle über sich verliert und herumflippt oder ganz wegflippt. Wer ausgeflippt ist, zeigt dies häufig schon über seine äußere Erscheinung: Er gibt sich als ausgeflippter Typ. Beliebter Ausdruck des Erstaunens und/oder »Genervtseins«: *Ich flipp' gleich aus! Das ist zum Ausflippen!*
Der Flip ist eine plötzliche Wendung, wie sie zum Beispiel der Pin-Ball des Flipperautomaten permanent vollzieht. Die

Richtungsänderungen sind kaum kalkulierbar und führen irgendwann zum Spielende – das heißt, der Ball flippt ins Aus.

ausgeflippt
Extravagant, sehr ungewöhnlich, außerhalb der Norm: Z. B. tragen manche Jugendliche gern ausgeflippte Kleidung.

ausgefreakt
ist jemand, der in Aussehen und Verhalten total aus dem Rahmen fällt und deutliche Assoziationen zur Drogenszene hervorruft. Ein Typ, der echt ausgefreakt aussieht, macht einer eher heruntergekommenen Eindruck.

ausgepowert
Mit den Kräften am Ende, völlig fertig, verbraucht: *Der hat keine Power mehr.* (s. *anpowern*)

ausklinken
Die Nerven verlieren, aus der Fassung geraten: *Als ich das hörte, bin ich ausgeklinkt!*
Ein ausgeklinkter Typ ist jemand, der nicht in Ordnung ist, von dem man nicht viel zu erwarten hat. Häufig werden Eltern als ausgeklinkt bezeichnet.

ausrasten
kann man vor Freude oder Zorn. Der Begriff steht also für eine sehr starke emotionale Reaktion.

B

Bär
Junge Mädchen halten sich gern an einen Bären, das ist dann ein besonders lieber, vertrauenswürdiger Typ.

bärenstark
Unübertrefflich, einzigartig, ausgezeichnet. Eine bestimmte Musik, ein Film oder ein Typ können bärenstark sein. (s. *bärig*)

bärig
Sehr lieb, vertrauenswürdig: bäriger Typ.

backen
Wer merkt, was gerade gebacken wird, der weiß, was so »läuft« – der kriegt mit, was Sache ist.

beinhart
steht für solide, kompakt, massiv, fest. Der beinharte Rock fährt dem Fan echt in die Knochen.

beknackt
Verbreiteter Ausdruck für unerträglich, dumm, einfältig, widerwärtig. Beknackt kann so ziemlich alles sein, was einem auf die Nerven geht bzw. was man mißbilligt. Genauso häufig auf Personen wie auf Sachen und Situationen bezogen.

beölen
Wort für sich amüsieren, lustig machen. Beliebter Ausruf: *Ich beöl' mich!*

Bestseller
Ein riesig ätzender Bestseller ist ein Frauenheld, der sich an der Spitze der weiblichen Beliebtheitsrangliste sieht, aber von seinesgleichen nicht wohlgelitten ist.

Beziehungskiste
Allgemeine Bezeichnung für den Lebensbereich, der mit Freundschaft, Partnerschaft, Liebe und Ehe zu tun hat. Für Jugendliche ist die Beziehungskiste ein Dauerthema und

meist besonders problemträchtig. Das sprachliche Bild von der Kiste signalisiert das Gefühl der Beengtheit, das generell wohl mit zwischenmenschlichen Beziehungen assoziiert wird. Die Kiste ist in der Jugendsprache auch das Gefängnis. Viele reden statt von ihrer Beziehungskiste auch rundweg von ihrer Beziehungsscheiße. (s. *Zweierkiste*)

Biege
Wer 'ne Biege macht, setzt sich (heimlich) ab, verschwindet. Eine geläufige Antwort auf die Frage nach weiteren Plänen fürs Leben lautet: *Irgendwann 'ne Biege machen* – sich also in der weiten Welt umsehen. Das Sprachbild bezieht sich vermutlich auf die Wegbiegung, an der man sich ungesehen davonmachen kann. In Jugendheimen ist es an der Tagesordnung, daß einer 'ne Biege macht.

Big Boss
ist der Vater, der einen schon erwartet, wenn man zu spät nach Hause kommt.

Blech
kann man nicht nur reden, sondern man kann auch *draufhauen*: Wer tüchtig aufs Blech haut, gibt an, daß sich die Balken biegen. Wer eine Schnecke angraben will, haut meist mächtig aufs Blech.

Bock
Diese Vokabel ist in der Jugendsprache sicher der absolute Renner, längst aber auch in anderen Kreisen gesellschaftsfähig geworden. Wer auf etwas oder jemanden Bock hat, ist auf alle Fälle positiv eingestellt: *Auf die Sache hab' ich unheimlich Bock! Ich hab' Bock auf Dich!*
Genausogut kann man freilich keinen Bock oder keine Böcke auf etwas oder jemanden haben. Der gängige Ausruf lautet: *Null Bock!* Einstweilen wird die ganze junge Generation gern

pauschal als Null-Bock-Generation bezeichnet. Einige Protagonisten scheinen diese Etikettierung provoziert zu haben: *Null Bock auf gar nichts* steht an manchen Häuserwänden. Beobachter der Jugendszene sprechen zumindest von einer Null-Bock-Fraktion, die sich auch politischen Einfluß zu verschaffen suche. Über die Herkunft des Begriffes kann man nur mutmaßen – vielleicht hat sie aber tatsächlich etwas mit dem Ziegenbock zu tun, der, in eine bestimmte Situation gebracht, »mächtig Bock« hat. Der *Bock* ist auch das Motorrad, das bei einem besonders raffinierten Styling und herausragender Leistung zum *geilen Bock* wird.

bohren
ist eine Fortbewegungsart. Man kann mit seinem Motorrad irgendwohin bohren oder sich selbst in eine Disco bohren. Entscheidend ist die Zielstrebigkeit, mit der man sich fortbewegt.

Botanik
Gegend, Landschaft, durch die man zum Beispiel mit seinem Motorrad bohrt.

Braten
Das Mädchen, dem ein Braten in die Röhre geschoben wurde, ist schwanger.

Braut
Die Braut ist das tolle Mädchen, das man je nach persönlichem Stil angraben, aufreißen oder auch nur aufmachen möchte.

breit
steht für berauscht, in erster Linie für den Alkoholrausch. *Wer (voll) breit ist,* sieht sich meist größer, und auch die

Dimensionen der Umwelt verändern sich: Sie wird unüberschaubar.

brettern
Schnell fahren, rasen: mit 180 Sachen über die Autobahn brettern.

Brot
steht für Bier: Abends geht man zum Beispiel gern in der Stammpinte ein Brot stemmen.

bunkern
Geld bunkern gehört zu den wenig geschätzten Tugenden der älteren Generation.

C

Cannabis
ist der Fachausdruck für Marihuana, einer aus den Blütenblättern und Zweigspitzen der Hanfpflanze gewonnene Droge. Das Kraut wird getrocknet, zerschnitten, zermahlen und dann (meist mit Tabak vermischt) in einer Pfeife oder als Joint geraucht. Kenner tun den Shit auch in den Tee oder backen sich damit Plätzchen.
Cannabis-User erhoffen sich eine Verbesserung ihrer allgemeinen Stimmungslage und eine Erweiterung ihres Bewußtseins. (s. *Joint, Shit, User*)

Chaot
Herabsetzende Anrede für eine männliche Person. Häufig als Ausruf: *Du Chaot! Dieser Chaot!*

Chart
Hitliste, Hitparade.

checken
ist ein beliebtes Wort für »begreifen«, »kapieren«, »durchblicken«. Gebräuchliche Bestätigungsformel: *Hab' ich gecheckt! Ist gecheckt!*

Chippie
Drogenanfänger, also jemand, der erst vor kurzer Zeit angefixt wurde. (s. *anfixen*)

Ciao
Aus dem Italienischen übernommenes, in der Jugendszene übliches Grußwort.

clean
zu werden ist für den Abhängigen von harten Drogen das einzige Mittel gegen den sozialen, psychischen und physischen Tod. Das Wort steht also in der Szene für »drogenfrei«. Wer clean werden will, muß allerdings den Turkey durchstehen. (s. *Turkey*)

Clique
Für Jugendliche ist es wichtig, sich mit gleichgesinnten Leuten zusammenzutun, also zu einer Clique zu gehören. Manche versuchen, ihre eigene Clique »aufzuziehen«.

Connections
Gebräuchliches Wort für Kontakte, Beziehungen. Wer viele Connections hat, ist in der Regel angesehen.

cool
sein oder bleiben gehört zu den erstrebenswerten Verhaltensstilen in der Jugendszene. Wer cool ist, reagiert überlegen, selbstbewußt und vermittelt den Eindruck, daß er immer weiß, was Sache ist – er ist dann ein cooler Typ bzw. ein cooles Mädchen.

Drogen wird von den Usern nachgesagt, daß sie ein cooles Feeling vermitteln. Dinge, die besonders gut oder interessant gemacht sind, werden auch gern als cool bezeichnet: cooles Buch, coole Musik. Häufig als (Selbst-)Aufforderung: *Bleib cool! Nur cool bleiben!*

D

dealen
ist ein Begriff aus der Drogenszene, der von dem englischen Wort für »Geschäft« (deal) abgeleitet ist. Drogenabhängige sind häufig darauf angewiesen, zu dealen, um sich das Geld für den nächsten Schuß zu verschaffen – sie besorgen also das Geschäft der kommerziellen Drogenhändler.
In der Jugendsprache hat sich die Formulierung *einen Deal machen* eingebürgert – d. h., man handelt etwas aus.

Dealer
sind diejenigen, die mit Drogen wie Heroin, Kokain, Marihuana, Trips etc. handeln. (s. *Trip*)

Ding
Das ist (wäre) nicht mein Ding steht für: Das liegt mir nicht; so etwas würde ich nicht tun; das geht mir gegen den Strich.

Disco-Torte
Abschätzige Bezeichnung für ein junges Mädchen, das gern und regelmäßig in Discotheken geht. Der Disco-Torte (auch Disco-Häschen) wird unterstellt, daß sie in ihrem Verhalten, ihrer äußeren Erscheinung und in ihren Interessen recht einseitig festgelegt ist. (s. *Teenie-Bopper*)

Dope
ist Heroin, auch H oder Hard stuff genannt. Es gehört zu den morphinähnlich wirkenden Substanzen und wird aus Mohn gewonnen.
Der in der Jugendszene entstandene, zumindest verbreitete Spruch *no hope, no dope, no future* mag signalisieren, aus welcher Gemütslage heraus die Flucht in die Droge unternommen wird.

down
ist jemand, der niedergeschlagen, traurig und seiner Hoffnungen beraubt ist. (s. *high*)

drauf
bezieht sich auf die seelische Befindlichkeit: Man kann schlecht, hart, mies, finster und gut drauf sein – bestimmte Vorfälle oder Situationen können einen auch gut oder schlecht drauf bringen.

draufhängen
Wer harte Drogen (Dope) nimmt, muß damit rechnen, bald voll draufzuhängen – also abhängig zu werden.

drögeln
ist in der Drogenszene ein verbreiteter Begriff für »Drogen nehmen«. (s. *fixen*, *kiffen*, *schießen*)

Drogen-Freak
Jemand, der sich voll und ganz den harten Drogen ausgeliefert hat und dies in seinem Verhalten und seiner äußeren Erscheinung signalisiert. (s. *Freak*)

dröhnen
steht für »sich unter Drogen setzen«; hierzu gehört auch Alkohol: *sich einen reindröhnen!* Wer vollgedröhnt ist,

nimmt nicht mehr wahr, was um ihn herum passiert – er hat sich von seiner Umwelt abgedröhnt.

Dröhnung
ist ein Wort für »Ohrfeige«, das von den Folgen abgeleitet ist. Häufig als provozierende Suggestivfrage: *Hast wohl 'n Schmeck auf 'ne Dröhnung?* Oft in dieser Verbindung: volle Dröhnung.

drücken
ist ein gängiges Wort für den Drogenkonsum mit der Injektionsnadel, also meist Heroin und Opium. In der Szene ist jeder sofort im Bilde, wenn es heißt *der drückt* oder *der ist ein Drücker*. Bei einem echten Drücker kann man davon ausgehen, daß sich fast alle seine Aktivitäten darauf beziehen, sich den nächsten Druck zu sichern. (s. *schießen, Schuß*)

dummsülzen
steht für »Unsinn reden«, »alles durcheinander bringen«. Das, was der Dummsülzer von sich gibt, ruft gewisse Assoziationen an Sülze hervor.

Durchblick
haben gehört zweifellos zu den sehr hoch geschätzten Eigenschaften in der Jugendszene. Der älteren Generation wird gern vorgeworfen, sie täte so, als hätte sie den großen Durchblick.

durchhängen
Wer durchhängt oder einen Durchhänger hat, ist seelisch und/oder körperlich am Ende. Der Begriff ist aus dem Sexualbereich abgeleitet, in dem bei der entsprechenden Verfassung nicht mehr viel läuft.

durchticken
ist ein Wort für »verstehen«, »begreifen«, merken, was läuft. Gebräuchlich: *Das tick' ich schon durch!* (s. *spannen, schnallen, raffen, checken*)

durchziehen
Wer einen durchziehen möchte, meint damit, daß er gern Shit (Haschisch, Marihuana) rauchen möchte – also Lust hat, sich anzutörnen (turn, engl. = ziehen, drehen). Derjenige, der eine durchziehen möchte, ist dagegen an Geschlechtsverkehr interessiert.

E

easy
ist eine aus dem Englischen übernommene Lieblingsvokabel der Jugendszene, mit der ein wünschenswerter Verhaltensstil und das ideale Lebensgefühl markiert werden: *easy an eine Sache herangehen; alles easy auf sich zukommen lassen; easy drauf sein.* Häufig auch als Beschwichtigungsformel: *Immer easy going!* Drogenkonsumenten bringen ihre Motive häufig auf die Formel: *Alles ist danach ganz easy!* Von etwas, das einen angenehm berührt hat, ist man ganz easy angetoucht.

echt
steht in der Worthäufigkeitsrangliste zweifellos weit oben. Ein Buch findet man da zum Beispiel *echt irgendwie wahnsinnig schön* und von einem Film ist man *irgendwo echt unheimlich betroffen*. Das Wörtchen »echt« dient dazu, die Authentizität der eigenen Gefühle zu unterstreichen – vor allem, wenn es um Werturteile geht: echt Spitze, echt Klasse, echt einsam, echt geil, echt link, echt ätzend etc.

Ego-Trip
Wer sich auf einem Ego-Trip befindet, ist unterwegs auf einer Reise zu sich selbst. Es geht hier also um die Ichfindungs- und Selbstverwirklichungsproblematik, die in der Jugendszene von außerordentlicher Bedeutung ist. Manche versuchen, dieses Unternehmen mit bewußtseinserweiternden Drogen zu unterstützen. Die Unterstellung, man befände sich auf dem Ego-Trip, beinhaltet meist auch den Vorwurf, soziale Belange zu ignorieren.

Ei
Das Ei, meist Synonym für das männliche Geschlechtsorgan, ist in den unterschiedlichsten Wendungen gebräuchlich. Ihnen allen gemein ist der Ausdruck seelischer Betroffenheit:
– *Das ist echt ein Ei:* Das ist ein starkes Stück, unglaublich!
– *Da fällt einem echt 'n Ei aus der Hose:* Das ist nicht zu fassen!
– *Da läuft mir echt 'n Ei aus:* Das haut mich völlig um!
– *Du hast wohl ein Ei auf dem Dach:* Das ist doch nicht Dein Ernst? Du spinnst wohl!
– *Du hast wohl 'n Ei am Wandern:* Bei Dir stimmt wohl was nicht! Aber sonst geht es Dir noch gut?
Da die letzte Formulierung sich auf den weiblichen Zyklus und seine stimmungsmäßigen Auswirkungen bezieht, ist sie besonders unter jungen Mädchen üblich.

Eier
Geld.

eindrücken
ist ein Wort für »etwas auswendig lernen«: Man kann sich zum Beispiel ein Gedicht eindrücken. Der Begriff deutet an, daß man seine Bedürfnisse und Interessen deformieren und gegen einen inneren Widerstand anarbeiten muß. (s. *reintun, reinziehen*)

einfahren
Essen. (s. *einpfeifen*)

einpfeifen
Essen, trinken.

einsam
(echt) einsam steht für »wunderbar«, »ausgezeichnet«, »große Klasse«: *echt einsame Frau; echt einsame Show;* als Ausruf der Bewunderung: *einsame Spitze!* Was *echt einsam* ist, hat also weit und breit keinen Konkurrenten.

Elch
Der Elch ist in zwei sprachlichen Bildern gebräuchlich, mit denen der Sprecher seinen Seelenzustand kundgibt:
Ich werd' gleich zum Elch heißt soviel wie »meine Geduld ist zu Ende – sieh Dich bloß vor!« Die Formulierung gehört also zum sprachlichen Imponiergehabe.
Ich glaub', mich knutscht ein Elch drückt ungläubige Überraschung aus.

Else
ist eine allgemeine, *fiese Else* eine abfällige Bezeichnung für ein junges Mädchen. (s. *Sumpfralle, Zippelgusse*)

empty
Gängige Vokabel für »zu Ende«, »vorbei«, »gelaufen«. Das Scheitern eines Unternehmens wird mit *empty* kommentiert. Wenn absolut nichts mehr »läuft«, ist empty.

eng
Ein wichtiges Prinzip der Daseinsbewältigung in der Jugendszene lautet: Die Dinge nur nicht so eng sehen!
Gebräuchliche Aufmunterungsformel für jemanden, der Probleme hat: *Sieh das doch nicht so eng!* Mach Dir nichts

draus! Nahegelegt wird also ein Akt der Befreiung aus einer begrenzten Problem- bzw. Weltsicht.

ergeiern
Ein akutes Problem in der Jugendszene besteht darin, eine Lehrstelle oder einen Studienplatz zu ergeiern. Die Vokabel signalisiert, daß es dabei vor allem darum geht, blitzschnell zu reagieren und andere zu überrumpeln.

Esset-Trip
Es handelt sich um ein Halluzinogen, mit dem sich manche auf eine Reise zu ihrem Ich begeben. Trips stimulieren jene Gehirnteile, in denen Gefühlsreize registriert und verarbeitet werden. (s. *Trips*)

F

Fanzines
sind von Musikfans für Musikfans publizierte Texte, die sich in Aufmachung und Stil recht unkonventionell geben. Hier einige Titel: »Alles Scheiße«, »Bazillus«, »Cruise-Missile«, »Der Abschaum«, »Der letzte Dreck«, »Fehlgeburt«, »Hirntumor«, »Magenpest«, »Khomeni«, »Wirrwarr« etc. Die Fanzines wenden sich in erster Linie an die Bewegung der Punker. (s. *Punk*)

Fashion-Freak
Das ist jemand, der sehr aufgeschlossen für neue Modetrends ist bzw. sogar versucht, diese in der Szene selbst zu initiieren. (s. *Freak*)

Feeling
muß immer dabeisein. Ein positives Gefühl ist ein »geiles«, »gutes«, »scharfes«, »unheimliches«, »wahnsinniges« oder

»irres« Feeling. Besonders in der Sponti-Szene ist es wichtig, daß eine Handlung oder Aktion einem bestimmten Feeling – nicht logischem Kalkül – entspringt.

Fete
steht für Feier, Fest: *Da läuft eine irre Fete.*

fetzen
tut etwas, das unter die Haut geht, das begeistert: *fetzige Musik, fetzige Show, fetziges Konzert.* Gängiger Ausruf: *Das fetzt! Das fetzt rein! Das fetzt an!* In manchen (Rock-)Konzerten fliegen im wahrsten Sinne des Wortes die Fetzen.

Film
Wer nicht mehr *im Film* ist, kriegt nicht mehr mit, was passiert, hat die Orientierung verloren. Häufige Ursache: Alkohol- oder Drogenkonsum. Für viele Jugendliche läuft in der Erwachsenenwelt immer der gleiche Film ab – sie erleben sie als öde und stumpfsinnig.

filmen
ist ein Wort für jemanden »hereinlegen«, »betrügen«, »hintergehen«. Der Begriff erinnert an eine versteckte Kamera, die einen arglosen Akteur aufnimmt.

finster
Finster drauf sein steht für »üble Laune haben«, »sich mies fühlen«. Die Stimmungslage ist also recht düster.

fixen
Wer fixt, injiziert sich (meist regelmäßig) Drogen mittels einer Fixe oder Pumpe (= Injektionsnadel). Der Fixer »pflanzt sich« (to fix) regelmäßig eine Nadel »ein« und spritzt sich zur Not auch Hustensaft oder Rotwein.

fix und foxi
ist eine Abwandlung des umgangssprachlichen »fix und fertig«: seelisch und/oder körperlich am Ende.

Flash
steht für die blitzartige Wirkung von Heroin und Opium, die kurz nach der Injektion eintritt. Die häufige Einnahme von Trips führt nicht selten zu *Flash backs*, d. h., man kommt »auf einen Trip«, ohne etwas genommen zu haben. (s. *Kick, Trip*)

Flatter
Mach 'ne Flatter steht für »verschwinde«, »hau ab«. (s. *Fliege*)

Flattermann
Der Flattermann ist ein Wort für »gebratenes Hähnchen«, aber auch für »Entzug«. Ein Drogenabhängiger tut alles, um den Flattermann zu vermeiden. (s. *Affe, Turkey*)

Fliege
'ne Fliege machen steht für »weggehen«, »verschwinden«. Häufig als Appell: Mach 'ne Fliege! (s. *Biege*)

flippen
steht für »ziel- und orientierungslos unterwegs sein«: *Der flippt rum.* (s. *ausflippen, rumflippen*)

flippig
Hektisch, unruhig, getrieben. »Flippig« steht für eine Verhaltens- und Temperamentseigenart, die Assoziationen an den hin und her flitzenden Pinball des Flipperautomaten auslöst. Flippigkeit wird häufig als ein besonderes Merkmal der Jugend-, insbesondere der Sponti-Szene angesehen. Ein »Flip« ist eine plötzliche Wendung. (s. *flippen*)

Fleischbeschau
Wer eine »Fleischbeschau« macht, hält nach hübschen Mädchen Ausschau. (s. *angraben, aufreißen, anmachen*)

Freak
Das Wort steht im Englischen für »Laune«, »Grille«, »drolliger Einfall« – aber auch für »Monstrum«, »Mißgeburt«, »Zwerg«. In der Jugend- und Szenensprache ist ein Freak jemand, der sich einer bestimmten Sache verschrieben hat: *Drogen-Freak, Musik-Freak, Öko-Freak, Sozial-Freak, Motorrad-Freak, Show-Freak* etc. Das einseitige Interesse des Freaks zeigt sich in der Regel bereits in seiner äußeren Erscheinung, seiner Sprache und seinem allgemeinen Habitus.

Freak-Fummel
sind Kleidungsstücke, die den Freak kennzeichnen (z. B. Pluderhosen etc.). Der *Freak-Fummel* signalisiert letztlich eine besondere Lebenseinstellung, beispielsweise die Prägung durch fernöstliche Lebensweisheiten. (s. *Freak*)

Freßleiste
Mund. Gebräuchliche Wendung: *Jemandem eine auf die Freßleiste geben.*

friesisch-herb
steht für »ausgezeichnet«, »ganz toll«. Der Begriff ist von einer geschätzten Biermarke abgeleitet.

Frost
ist ein Wort für »Angst«. Wer vor einer bestimmten Sache Frost hat, hat also »kalte Füße« bekommen.

Frust
ist eine aus dem psychologischen Begriff »Frustration« abgeleitete allgemeine Bezeichnung für ein depressiv-resignatives Daseinsgefühl. Ein in der Szene verbreiteter Spruch lautet: *Dreht euch nicht um – der Frust geht um!* Viele Jugendliche beklagen sich über den ständigen *Frust* in Schule, Elternhaus und Arbeitswelt. (s. *Null Bock*)

Fuck
Negative Kommentierung: Das ist doch Fuck!
(s. *abgefuckt*)

Fuzzi
Negative Kommentierung: Das ist doch Fuzzi!

G

Gag
Die kommentierende Redewendung *Das ist echt 'n Gag* steht für »das ist genial«, »eine gute Idee«, »ausgezeichnet« – aber auch für »das ist doch völlig unsinnig«, »das ist doch nicht ernst zu nehmen«.

gagig
Ungewöhnlich, auffällig, witzig: In Jugendzeitschriften gibt es Empfehlungen für ein gagiges Make-up.

galaktisch
Unübertrefflich, ausgezeichnet, einmalig gut. (s. *riesig, kosmisch, friesisch-herb*)

gebongt
Bestätigender Ausruf: *Ist gebongt!* Steht für »hab ich verstanden«, »einverstanden«, »geht in Ordnung«.

gefilmt
steht für »betrogen«, »hereingelegt«, »hintergangen worden sein«. (s. *geleimt*)

Geier
Wie ein Geier: gierig, rücksichtslos; *weiß der Geier:* Eingeständnis des Nicht-Wissens.

geierig
Nach etwas fiebern; sehnsüchtig, ungeduldig. (s. *ergeiern*)

geil
ist alles, was angenehm, wunderbar, toll ist: geile Musik, geile Klamotten, geiler Bock (Motorrad), geiles Gespräch, geiles Feeling, geiler Trip, geiler Typ, geile Alte. Steigerung: voll geil, (ober-)affengeil. Gegensatz: ungeil. Man kann auch geil auf etwas sein – zum Beispiel auf ein Gespräch. (s. *abgeilen*) *abgeilen*)

geleimt
Betrogen, hereingelegt. (s. *gefilmt*)

genervt
ist jemand, der sein seelisches Gleichgewicht verloren hat; unzufrieden, nervös, verstimmt, gereizt. (s. *nerven*)

Gent
Ironische Bezeichnung für jemanden, der allem Anschein nach einen höheren Status hat. (s. *Typ*)

Gerät
Ein sattes Gerät ist ein hübsches Mädchen. (s. *Torte, Tussi, Supermutter, zombige Tante*)

gestreßt
ist ein Lieblingswort für »nervlich und körperlich erschöpft«.

Gesülze
ist in der Szene meist das, was die Älteren, insbesondere die Politiker, von sich geben. Der Begriff steht für »langweiliges, unsinniges Gerede«. (s. *dummsülzen, Dummsülzer*)

giftig
ist ein besonders kraftvolles Motorrad.

Glimmer
Alkoholrausch. Typische Wendung: *Der spannt in seinem Glimmer nicht mehr, was läuft.* (s. *spannen*)

Glocke
Einen auf die Glocke kriegen: einen Schlag versetzt bekommen.

Glotze
Fernsehapparat.

Gras
Ausdruck für Marihuana und Haschisch. Andere Bezeichnungen für Gras: Heu, Pot, Tea, Kongo-Gras, Kenia-Gras etc. (s. *Shit*)

grell
Unangenehm, kaum zu ertragen. (s. *schroff, ätzend*)

H

H
steht in der Drogenszene für Heroin, auch Dope oder Hard stuff genannt. H wird gewöhnlich mit einer Pumpe gedrückt, kann aber auch gesnieft werden. (s. *Pumpe, Snief*)

Hacke
Einen an der Hacke haben steht für »spinnen«, Unsinn reden: *Du hat wohl einen an der Hacke.*
Wer einen in der Hacke hat, ist betrunken.

hacken
Ich glaub', es hackt ist eine geläufige Wendung zum Ausdruck von ungläubigem Erstaunen und Mißbilligung: Das kann doch wohl nicht wahr sein; das ist doch nicht Dein Ernst. *Hacken* steht bisweilen auch für koitieren.

Hammer
Das ist ein (dicker) Hammer: Das ist unglaublich, unfaßbar, unverfroren, dreist; das ist eine Frechheit, Überraschung. Häufig auch als Vorbereitung auf eine Überraschung: *Der dicke Hammer kommt noch . . .*

Hänger
Wer einen Hänger hat, ist mit seinen Kräften am Ende und muß damit rechnen, daß er von den anderen *voll abgehängt* wird. (s. *durchhängen, abschlaffen, tote Hose*)

Harter
Er läßt mal wieder den Harten raus: Er gibt an, spielt sich auf. Auch als beschwichtigender Appell geläufig: *Nun laß man nicht den Harten raus!* Die Wendung erinnert an das phallische Imponieren bei Mantelpavianen, das als ritualisierte

Aufreitdrohung interpretiert werden kann. Die Länge des Penis wird bei Jugendlichen nicht selten als Statussymbol gewertet.

Hasenjagd
Auf Hasenjagd gehen: nach jungen, hübschen Mädchen Ausschau halten – in der Hoffnung, eine riesige Tussi oder Supermutter angraben oder aufreißen zu können. Ort der Hasenjagd ist häufig die Disco oder eine Fete. (s. *angraben, aufmachen, aufreißen*)

Haß
Einen Haß auf jemanden oder etwas haben ist eine Wendung für »verabscheuen«, »nicht ausstehen können«: *Ich hab' 'n Haß auf die Schule, 'n Haß auf den Typen.*

Hebamme
Abfällige Anrede für ein junges Mädchen, in dem es assoziativ auf den Geburtsvorgang reduziert wird. (s. *Else, Sumpfralle*)

Hebel
Den materiellen Hebel hervorholen: Geld lockermachen, (be-)zahlen. In der Wendung drückt sich die Erfahrung aus, daß Geld ein entscheidendes Druck- und Wirkungsmittel sein kann. Als Aufforderung zum Zahlen (z. B. einer Runde) geläufig: *Nun hol man schon den materiellen Hebel hervor.*

Heimat
abrufen steht für »nach Hause gehen/fahren«.

heiß
ist ein Wort für »toll«, »umwerfend«, »mitreißend«: heiße Musik, heiße Frau, heißer Typ, heißer Ofen (Motorrad), heiße Story. Auf etwas heiß sein: sich etwas inständig wün-

schen, sich nach etwas sehnen. Wer mit einem Satz heißer Ohren droht, stellt eine Ohrfeige in Aussicht. (s. *geil, kosmisch, stark*)

heizen
steht für »durch die Gegend rasen«, »sehr schnell fahren«: *mit einem heißen Ofen wie irre durch die Pampa heizen.* (s. *Ofen, Pampa*)

Heizölferrari
Auto mit Dieselmotor.

heraushängen
lassen steht für »eine Rolle oder Funktion voll ausspielen«: *Er läßt mal wieder den Chef heraushängen.* Die Wendung gründet assoziativ auf dem phallischen Imponieren als Macht- und Drohgebärde. (s. *den Harten rauslassen*)

high
ist eine sehr verbreitete Bezeichnung für eine extrem angenehme seelisch-körperliche Befindlichkeit, die mehr oder weniger mit dem Gefühl des Schwebens bzw. der Schwerelosigkeit zu tun hat: die Last oder Belastungen des Alltags werden nicht mehr wahrgenommen. Dieses selbstredend erwünschte Lebensgefühl kommt auch in einem Szene-Wandspruch vor: *High sein, frei sein, Sonne muß dabei sein!* Im engeren Sinne kommt in *high* die Wirkung bestimmter Drogen zum Ausdruck (insbesondere von Haschisch und Marihuana). Wer sich in der Dosis verkalkuliert oder harte Drogen nimmt, muß damit rechnen, daß er auf einmal *zu* oder gar *stoned* ist. (s. *stoned, zu, antörnen*)

hirnrissig
ist ein Wort für »dumm«, »irrsinnig«, »verrückt«: *Der Typ ist echt hirnrissig; das ist doch echt hirnrissig.*

hochtrippen
kann man sich durch die kontinuierliche Zufuhr kleiner Drogendosen. Das Hochtrippen wird erst dann beendet, bis man völlig *stoned* ist bzw. kein Stoff mehr da ist. (s. *Trip*, *stoned*)

hochziehen
Sich an etwas oder jemandem hochziehen: Halt, Hilfe, Unterstützung bekommen. Viele Jugendliche sind nach eigener Aussage ständig auf der Suche nach etwas, an dem sie sich hochziehen können. Nicht selten kommt aus der Szene der Vorwurf, daß andere nur versuchten, sich an ihnen hochzuziehen (z. B. die Presse gegenüber den Rockern). (s. *aufgeilen*)

Hohler
So'n richtiger Hohler ist ein blöder Typ, der allgemein abgelehnt wird. Eine der wenigen herabsetzenden Bezeichnungen für einen Mann, die auch in Mädchenkreisen geläufig ist. (s. *Macker*, *Alter*, *Stecher*, *Gent*)

Horn
Jemandem ein Horn ziehen: jemanden schlagen, verprügeln. Gängige Formulierung: *Ich zieh' Dir gleich 'n Horn.* (s. *abmischen*, *aufmischen*)

Horror
Wer auf Horror kommt, hat sein seelisches Gleichgewicht verloren bzw. findet etwas unerträglich: *Wenn ich daran denke, komm' ich auf Horror.* Besonders gebräuchlich ist die Wendung in der Drogenszene: Wer Trips (Halluzinogene) nimmt, muß damit rechnen, daß er auf Horror kommt (Horror-Trip) – das heißt, seine Phantasie produziert makabre Halluzinationen und Alpträume, denen er hilflos ausgeliefert ist.

Die Drogeneinnahme führt also genau zum Gegenteil dessen, was man bezwecken wollte – nämlich, sich vom Horror runterzuholen. Längst ist der Begriff »Horror« allgemein in der Jugendszene üblich: Wenn zum Beispiel *der totale Horror losbricht*, fühlt man sich einer sehr ungemütlichen Situation ausgeliefert.

Hose
Tote Hose ist eine Bezeichnung dafür, daß nichts los ist, sich nichts abspielt. Letztlich handelt es sich um einen Ausdruck für Impotenz, der auf alle möglichen Situationen generalisierbar ist, in denen sich nichts tut. In der Drogenszene ist die *tote Hose* das Schicksal jedes Drogenabhängigen. (s. *abgeschlafft*, *durchhängen*)

hotten
Tanzen. (s. *sich einen abhotten*)

Hufe
In die Hufe kommen: aufbrechen, in die Gänge kommen, sich beeilen, endlich mit etwas beginnen.

Hugo
Zigarette.

Hündi
ist ein Wort für Hundertmarkschein: *Einen Hündi lockermachen.*

I

Info
steht für Information, Nachricht: *jemandem eine Info zukommen lassen.*

Insel
Öde Insel heißt soviel wie »nichts los«, »langweilig«: *Die Fete gestern – öde Insel.* (s. *tote Hose*)

irre
Allgemein verbreitete Bezeichnung für »phantastisch«, »toll«, »einmalig«, »ausgezeichnet«, »umwerfend«: irre Show, irrer Typ, irre Klamotten. (s. *geil, kosmisch, galaktisch, heiß, saugeil, stark*)

J

Jesus-Freak
Bezeichnung für jemanden, der auf einem religiösen Trip ist, der *voll auf Jesus abgefahren* ist. (s. *Freak*)

Joint
Wer einen *Joint durchzieht,* raucht eine selbstgedrehte Zigarette mit Shit – also Haschisch oder Marihuana. In der Regel versammelt man sich mit anderen, um gemeinsam einen Joint zu rauchen (to join = sich vereinigen, sich anschließen).

Junkie
Junk ist eine Bezeichnung für Drogen. Das Wort kommt aus dem Englischen und heißt soviel wie »Mist« oder »Müll«. Der Junkie im engeren Sinne ist ein Drogenkonsument. Es gibt aber auch den Vinyl-Junkie – jemand, der sich in der Musikszene perfekt auskennt (Vinyl = Schallplatte).

Kaftan
Jackett. (s. *abjacken*)

Kante
Wer jemandem *die Kante zeigt*, läßt sich nichts gefallen bzw. setzt sich zur Wehr. Wenn man seinem Auto *die Kante gibt*, fährt man sehr schnell: *Gib ihm die Kante! Voll Power!*

kaputt
ist eine sehr gebräuchliche Vokabel zur Bezeichnung eines Seelenzustandes: *kaputter Typ*. Die Vokabel taucht in zwei recht gebräuchlichen Sprüchen auf:
Macht kaputt, was Euch kaputt macht!
Ich geh' kaputt – wer kommt mit?

Käthe
Eine scharfe Käthe ist ein »aufreizendes Mädchen«, auf dem ein Typ *voll abfährt*. (s. *Tussi, Supermutter, Sahneschnitte*)

keilen
Manche ältere Typen versuchen in der Disco, sich einen Teenager zu keilen, also zu »erobern«, zu »betören«. Zuhälter keilen sich junge Mädchen für die Prostitution.

kernig
Beeindruckend, ausgezeichnet, wunderschön. Szene-Spruch: *Hast Du heute einen Apfel gegessen? Du siehst so kernig aus.*

Kick
Das Wort kommt aus dem Englischen und bedeutet u. a. »Schwung«, »Energie«. In der Drogenszene wird mit »Kick« die Wirkung von Aufputschmitteln (Speed) bezeichnet – der Junkie fühlt sich schlagartig mobilisiert (Kick auch = Tritt). Der Begriff ist inzwischen auch in der allgemeinen Jugendsprache üblich: Man gibt sich angesichts einer schwierigen Situation einen »Kick« oder holt sich irgendwo einen »Kick«. Eine Frau, die den »Kick« gibt, ist besonders fesselnd. (s. *Speed*)

kiffen
steht für Shit (Haschisch und Marihuana) rauchen. Der Kiffer tut dies regelmäßig – meist mittels eines selbstgedrehten Joints. (s. *Shit*, *Joint*)

kiffig
Wer kiffig angezogen ist, legt besonderen Wert auf seine äußere Erscheinung.

Kiste
steht für »Sache«, »Angelegenheit«: *Find' ich ganz okay, diese Kiste.* Der Begriff bezeichnet aber auch eine ganze Lebenssphäre, zum Beispiel die Zweier- oder Beziehungskiste – also all das, was mit Freundschaft, Liebe und Ehe zu tun hat. Was Jugendliche hier wie überall vermeiden möchten, ist *die alte Kiste* – »wie gehabt«.

Klingelbüchse
Telefon. (s. *Rohr*)

knallen
Eine Musik oder Show, die reinknallt, geht »unter die Haut« oder »in Mark und Bein«. Häufig als Ausruf der Begeisterung: *Das knallt rein!* Die Feststellung *ich glaub', ich knall'*

auseinander signalisiert eine starke seelische Belastung bzw. Überforderung (s. *ausflippen, wegflippen, ausklinken*). Wer kundgibt, daß er in der letzten Nacht einen geknallt hat, meint damit eine kurze, aber heiße Liebesnacht, die echt *knallig* war. Man muß dabei allerdings auf sprachliche Nuancierungen achten: *sich einen knallen* steht für übermäßigen Alkoholkonsum.

Knete
Geld. (s. *Eier, Kohle*)

Koffer
Ausruf des Erstaunens: *Das ist echt ein Koffer!* – also »unglaublich«, »unfaßbar«.

Kohle
Geld; übliche Wendungen: *Kohle machen, nach Kohle stinken.* (s. *Knete, Eier*)

Koks
steht für Kokain, auch C, Charlie, Schnee oder Happy dust genannt. Wer kokst, also Kokain snieft, schätzt in der Regel die leistungssteigernde und sexuell stimulierende Wirkung dieser Droge. Sigmund Freud, der sie einmal selbst probiert hat, spricht von einer »göttlichen Pflanze« – die Mediziner vom »Selbstmord auf Raten«. (s. *sniefen*)

Kollektiv
hat vor allem in der Alternativszene eine außerordentliche Bedeutung – vor allem in der Form von Polit- und Arbeitskollektiven. Um einige Aktionsfelder zu erwähnen: Es gibt Theater-, Kneipen-, Werkstatt-, Agrar-, Redaktions-, Eltern-, Ärztekollektive – manchmal auch reine »Kuschel-Kollektive«. Kollektive verstehen sich durchweg als Gegenentwurf zu den traditionellen Formen des Zusammenlebens

und -arbeitens – gleich, ob es sich um das Anstreicherkollektiv »Rote Rolle« oder das Kneipenkollektiv der »Endzeitspelunke« handelt.

korrekt
Allgemein gebräuchliche Bestätigungsformel: *Das ist korrekt.* Das Wort steht aber auch für »anstrengend«, »mühsam«: *Ich habe eine echt korrekte Woche vor mir.*

kosmisch
Toll, phantastisch, ausgezeichnet. (s. *galaktisch, stark, heiß, geil, riesig, friesisch-herb*)

Kralle
Hand; allgemein begrüßt wird es, wenn es Geld *bar auf die Kralle* gibt.

krallen
ist ein Wort für »greifen«, »sich aneignen«. In der Hausbesetzerszene herrscht die Angst, von der Polizei *gekrallt* zu werden. Fetzige Musik zeichnet sich dadurch aus, daß sie sich im Ohr *festkrallt.*

kübeln
steht für »viel Alkohol trinken«: *sich einen kübeln, reichlich Bier kübeln.* (s. *reinziehen, zu sein*)

Kultur-Freak
Das ist jemand, der sich in der Kulturszene, vor allem der alternativen, exzellent auskennt und diese aktiv mitgestaltet. (s. *Freak*).

L

labern
ist nicht nur in der Jugendszene ein beliebtes Wort – hier bezieht es sich allerdings in erster Linie auf das Gefühl vieler Jugendlicher, daß die Älteren sie voll- bzw. zulabern. (s. *dummsülzen*)

Laschen
ist ein Wort für Ohrfeige – häufig als Drohung: *Gleich gibt's 'n paar Laschen!*

Leader
Anführer einer Gruppe bzw. Musikband.

legalize
taucht in verschiedensten Wandsprüchen als Appell an den Gesetzgeber auf, etwas bisher Verbotenes zu legalisieren. In den siebziger Jahren ging es zum Beispiel um die Legalisierung von Shit (Haschisch/Marihuana). Die vielen »Legalize-Appelle« sind inzwischen bereits von der Szene selbst parodiert worden: *Legalize Erdbeereis!*

link
ist ein Wort für »hinterhältig«, »verschlagen«, »gemein«. Häufig attributiv gebraucht: *linker Typ, linker Vogel, linke Tour.* (s. *linken, ablinken*)

linken
steht für »hereinlegen«, »betrügen«, »hintergehen«. (s. *ablinken*)

locker
steht für den idealen zwischenmenschlichen Umgangsstil: mit anderen *locker drauf sein* – was soviel bedeutet wie »kontaktfreudig«, »unkompliziert«, »spontan«, »zwanglos«. Drogenkonsumenten berichten meist, daß die Droge sie *locker drauf bringt.* Ein Szene-Wandspruch lautet: *Lieber locker vom Hocker als hektisch über'n Ecktisch!*

logo
Einverstanden! Alles klar! Geht in Ordnung! Okay!

löhnen
ist ein Wort für (be-)zahlen. (s. *Knete, Kohle, Eier*)

Look
ist ein Wort für die durch einen bestimmten Modestil geprägte äußere Erscheinung: Wer zum Beispiel zu den Punkern gehören will, muß sich erst einmal den richtigen Look verpassen. (s. *angepunkt, ausgefreakt, gagig, kiffig*)

LSD
ist eine der bekanntesten Trip-Marken, mit der man sich auf eine unbekannte »Reise« begeben kann. Manche bringt ein LSD-Trip »gut drauf« – andere »kommen auf Horror«. Im Endstadium eines fortwährenden LSD-Konsums können sich unter anderem Psychosen einstellen. (s. *Trip, Horror-Trip*)

M

Mache
ist gebräuchlich in der Formulierung *etwas in der Mache haben*: sich mit etwas beschäftigen, an etwas arbeiten. Das Wort bezieht sich auch auf unangenehme Situationen, denen

man eher ausgeliefert ist: Die Prüfer hatten mich ganz schön *in der Mache*. Die Äußerung *das ist doch alles Mache* kommt von denjenigen, die glauben, daß »getäuscht« und »getürkt« wird.

Macher
sind in der Szene diejenigen, die in ihrer Tätigkeit eine deutliche Affinität zur werktätigen Bevölkerung sehen: Liedermacher, Filmemacher, Büchermacher, Zeitungsmacher, Gedichtemacher. Der Szene, bzw. denen, die dazugehören möchten, sind die Traditionsbezeichnungen (Regisseur, Autor, Poet etc.) zu statusverhaftet und damit elitär.

Macker
ist eine eher abfällige Bezeichnung bzw. Anrede für einen Mann. (s. *Hohler, Freak, Stecher, Gent; abgemackert, übermackert*)

mackerhaft
ist das Verhalten von Männern, das deutlich von den traditionellen Geschlechtsrollenklischees bestimmt ist: »der Mann oben – die Frau unten«. Mackerverhalten ist also gegen die Ziele der Frauenbewegung gerichtet und wird als Ausfluß der alten »Druck-und-Drauf«-Mentalität diagnostiziert. Das verkündete Gegenrezept heißt: Mädchen- bzw. Frauenpower.

Macker-Typ
Als Macker-Typ wird jemand bezeichnet, der »einen Schlag« bei Frauen hat, obwohl er sich in seinem Verhalten im Grunde »anti-emanzipatorisch« gibt (s. *mackerhaft*).

Mädchen-power
Zunehmend finden sich junge Mädchen zusammen, die *Mädchenpower* auf ihre lila Fahnen geschrieben haben. Ihre Zielsetzung: Kampf dem »mackerhaften«, also alten Rollenklischees verhafteten Verhalten der Männer. (s. *mackerhaft, Macker, Macker-Typ*)

Mafia-Torte
Pizza.

Maloche
steht in der Szene für eine Arbeit, bei der kein Feeling ist. Deshalb ziehen es manche vor, lieber »auf Stütze« zu gehen. (s. *Feeling, Stütze*)

Mary Jane
steht für Shit, also Haschisch und Marihuana. (s. *Shit*)

Matte
langer Haarschnitt, aber auch Geld: *Ich hatte mal wieder meine Matte vergessen.*

Meskalin
ist ein Halluzinogen und gehört in der Drogenszene zu den Trips. (s. *Trip*)

Message
ist ein Wort für »Nachricht«, »Botschaft«, »Anliegen«. Wer bei anderen mit seiner *Message* nicht durchkommt, beklagt Verständnis- und Verständigungsprobleme.

mimen
Eine Rolle oder Funktion übernehmen: zum Beispiel den Anführer (Leader) einer Clique mimen.

Mollie
steht für »Molotowcocktail« – ein Brandkörper, der von »Street-fightern« manchmal verwendet wird. (s. *Street-fighter*)

motzen
ist ein Wort für »schimpfen«, »aufbrausen«, »seinem Ärger Luft machen«. (s. *anmotzen, rummotzen*)

Mufti
Ein Mufti oder Obermufti ist jemand, der sich gern als Anführer (Leader) aufspielt – also gern den Chef »raushängen« läßt.

Musik-Freak
Der Musik-Freak ist jemand, der immer weiß, welche »Scherbe« bzw. welcher Sound gerade aktuell ist und »voll reinfährt«. (s. *Scherbe*)

Müslis
heißen eher abfällig gemeint die radikalen Anhänger der Öko-Bewegung, die sich ausschließlich mit makrobiotischer Kost ernähren. (s. *Öko-Freak*)

Mutti
ist eine gängige positiv-getönte Bezeichnung für ein junges Mädchen. Wer sich *an einer Mutti abarbeitet*, küßt sie.

N

Nachkriegssound
Äußerungen, die sich auf die unmittelbare Nachkriegszeit, die Anfangsphase des Wiederaufbaus beziehen. Grundtenor: »Als ich in Deinem Alter war . . .!« »Wir konnten/hatten

damals nicht . . .!« Die Botschaft des *Nachkriegssounds* an die Jugendlichen lautet zumindest unterschwellig: »Euch geht es (zu) gut!«

Nadel

Mit der Nadel, Fixe oder Pumpe spritzt sich der Drogenabhängige seinen Stoff. Der echte Drogen-Freak hat sein Injektionsbesteck immer dabei und ist um Sterilität wenig besorgt – er *hängt an der Nadel*, ist also völlig abhängig. (s. *fixen, Fixer, Freak*)

naß

Mach dich nicht naß: Bleib ruhig, reg Dich nicht auf; stell' Dich nicht so an.

nerven

kann einen alles, was lästig und unangenehm ist – man ist genervt. Gebräuchlicher Ausruf des Mißfallens: *Das nervt! Das ist nervig!* Für viele ist der Alltag ein ständiges Generve.

Null Bock

Null Bock gehört als Definitionsmerkmal der jungen Generation zweifellos zu den Wörtern, die Karriere gemacht haben. Längst gibt es in der Jugendszene mehr oder weniger viele, die sich als Null-Bock-Generation verstehen und sich zu ihrer Null-Bock-Haltung offen bekennen:

Wir sind die Null-Bock-Fraktion! Null Bock auf nix! Ohne Rock kein Bock! (s. *Bock*)

O

oberaffengeil
Ausdruck höchster Bewunderung und Faszination. (s. *[affen]geil, galaktisch, riesig, kosmisch, friesisch-herb, stark)*

Ofen
Meist *heißer Ofen:* Motorrad. (s. *brettern, giftig*)

Ohrspülung
Musikalische Berieselung: eine Ohrspülung nehmen. Die Formulierung bezieht sich meist auf die Musik, die einem besonders gut gefällt, also auf jenen *Sound, der reinfährt* bzw. auf dem man *abfährt.* Für den echten Musik-Freak ist das das einzige, was ihn wieder *aufstellt,* wenn er *gewrecked* ist. (s. *abfahren, Musik-Freak*)

Öko-Beet
Das Wort ist als Synonym für die Lebenssphäre der Anhänger der Umweltschutzbewegung gebräuchlich – mit leicht spöttischem Unterton (*Die Müslis auf ihrem Öko-Beet*).

Öko-Freak
Kompromißloser Anhänger der Ökologiebewegung. (s. *Müsli, Wurzelmännchen, Freak*)

Öko-Kampf
Sammelbezeichnung für alle Initiativen, die den Umweltschutzgedanken in die Praxis umzusetzen versuchen. Die Öko-Kämpfer finden aber anscheinend in der Szene keine ungeteilte Zustimmung: *Nieder mit den Müslis!*

Ökopax-Welle
Bewegung, die Umweltschutz- und Friedensinitiativen in Verbindung zu bringen sucht.

ömmeln
In der Jugendszene ist es schwer, für das Wort *ömmeln* eine Definition zu erhalten: »Ömmeln ist eben ömmeln.« Erahnen kann man aber, daß es sich hierbei um ein Tätigsein handelt, bei dem viel »Feeling«, aber wenig Zwang und Disziplin im Spiel sind. In dem Wort *ömmeln* könnte man die sprachliche Übersetzung des Arbeitsbegriffs in der Alternativszene sehen: kreativ-spontanes Tun ohne Zwang und Fremdbestimmung. Beispiel: an einem Klavier oder in der Werkstatt *herumömmeln*.

Otter
Gebräuchlich in der Wendung *da bin ich (ja) Otter:* Das kriege ich (schon) gut hin, das schaffe ich spielend.

P

Pampa
steht für »Gegend«, »Landschaft«: mit einem heißen Ofen durch die Pampa heizen/brettern. Gängiger Spruch-Kommentar, wenn etwas los ist/Stimmung ist: *Ramba-Zamba in der Pampa!* (s. *Taunus*)

Panik
Das Wort bezieht sich auf den Zustand seelischer Erregung: Panik haben; die totale Panik kriegen. Beliebte Beruhigungsformel: *Nur keine Panik (auf der Titanic)!* Seit Udo Lindenberg gehört das Wort *Panik* zweifellos zu den profilierten Emporkömmlingen der Jugendsprache.

Pascha
Ambivalente Vokabel aus dem weiblichen Wortschatz, mit der der eher feste Freund gemeint ist (*mein Pascha*). (s. *Scheich*)

peilen
steht für »einen Überblick gewinnen«, »sich orientieren«, »Ausschau halten«, »etwas bemerken«: *peilen, was läuft.* (s. *spannen, schnallen, checken*)

peitschen
ist ein Wort für »schnell fahren«, »rasen«: *mit einem heißen Ofen durch die Pampa/den Taunus peitschen;* auch: *einen Song in den Saal peitschen.* (s. *brettern, Pampa, Taunus*)

Pelle
Ausruf des Erstaunens, der Verblüffung: *Das haut die Wurst aus der Pelle!*

Pfanne
Gebräuchlich in der Wendung *Du hast wohl die Pfanne heiß:* Du spinnst wohl; Du tickst wohl nicht richtig. Gleicher Tenor: Du hast wohl einen an der Klatsche! Du hast wohl einen an der Waffel! Du hast wohl ein Ei am Wandern! Du hast wohl ein Rad ab! Du hast wohl 'n Sockenschuß! Du hast wohl 'n Ei auf dem Dach!

Pinke
Geld. Gängiger Spruch: *Auch die Linke braucht Pinke!* (s. *Knete, Kohle, Eier*)

Pinte
Szenen-Kneipe.

Piste
Kneipen-Szene. Gebräuchliche Wendung: *auf die Piste gehen.*

platt machen
Imponiervokabel: *Dich/Euch machen wir gleich platt* heißt soviel wie »seht Euch bloß vor, sonst passiert was«.

Polit-Typ
Politiker. Eher abfällige Bezeichnung, durch die ein tiefgründiges Mißtrauen gegenüber etablierten Politikern artikuliert wird.

poofen
Schlafen.

Popper
Die Popper repräsentieren einen von mehreren Jugendgruppenstilen. Merkmale: Schwenker-Haarschnitt (vorne lang, hinten kurz, Nacken sauber ausrasiert), schicke Schale (»Kaschmir-Kinder«), konservative Grundhaltung, elitäres Bewußtsein. Kurzdefinition: *Popper sind proper! Popper ist salopper!* Die Popper kontrastieren ganz offensichtlich zu den anderen Gruppenstilen wie Punker, Rocker, Skinheads, Roller und Teds. Für die letzteren sind sie die »Spießer von morgen« und deshalb Zielscheibe allgemeiner verbaler Aggression: *Haut die Popper platt wie Whopper! Kannst Du einen Popper kriegen, blas ihn auf und laß ihn fliegen!* Den »Schniegel-Kindern« wird Arroganz und Anpassertum vorgeworfen – für sie selbst ist jeder, der sich von ihrem Stil distanziert, ein »Prolo«. Die Gruppenstile machen deutlich, daß der Begriff »die Jugend« nur mit Vorsicht zu gebrauchen ist.

poppig
(auffallend) modern, ungewöhnlich (bezieht sich in erster Linie auf die äußere Erscheinung einer Person und auf Musik).

Post
Wenn irgendwo *mächtig die Post abgeht,* dann ist »viel los«, »die Stimmung hervorragend«: *In dem Laden geht mächtig die Post ab!*

Pot
steht für Haschisch und Marihuana. Synonyma: Gras, Heu, Tea, Mary Jane, Weed. Der Szene-Oberbegriff ist »Shit«. (s. *Shit*)

Power, powern
Zentraler Begriff der Szene-Sprache: Man geht dahin, wo Power (möglichst Wahnsinnspower) ist bzw. wohin einen die Power trägt. Man versucht sich zum Beispiel durch Musik (Vollpower!) die notwendige Power zum Leben einzuhauchen und powert sich dabei gegenseitig an. Manches deprimierende Erlebnis fördert den Wunsch, *mal voll reinzupowern.* Power ist auf alle Fälle immer da, wo Action *abgeht,* wo's *fetzt.* Die Attraktivität der Punker besteht für viele darin, daß bei *denen Power abgeht.* (s. *Action, Kick, Speed; ausgepowert*)

Prolo
Bezeichnung unter Poppern (»Kaschmir-Kinder«) für all jene, die sich ihrem Stil nicht anschließen mögen. Prolos sind für sie vor allem Punker, Aussteiger und Alternative.

Pudel
Ein Wort für »Dauerwelle«.

Pumpe
Injektionsnadel des Drogenabhängigen. (s. *Fixe, Fixer, fixen, Nadel*)

Püsch
Das ist doch (alles) Püsch: Das ist Unsinn, Quatsch!

Punk, Punker
Jugendstil-Bewegung mit dem Motto: Häßlich ist schön, Schock ist schick!
Punks fühlen sich als (politische) Anarchisten und legen, um dies zu signalisieren, viel Wert auf ihre äußere Erscheinung: kurzes Haar, meist grün, rosa oder violett gefärbt; Gesicht auffällig geschminkt; Sicherheitsnadel in Wange, Nase oder Ohrläppchen; Kleidung aus der Mülltonne (Ausnahme: Mode-Punks). Auf der Punk-Szene »geht immer Power ab«, ist »volle Action«. Das bringt allerdings nicht selten den Vorwurf der Aggressivität und Pöbelhaftigkeit ein. (s. *angepunkt*)

punkig
bezieht sich auf Verhalten und äußere Erscheinung, die gewisse Elemente des Punk-Stils aufweisen.

Pusher
Wort für Drogenhändler (auch Dealer). Dem Pusher wird (mit Recht) nachgesagt, daß er Jugendliche zum ersten Konsum harter Drogen zu verführen versucht – er *fixt* sie *an*: Auf diese Weise sichert er sich seine feste Kundschaft.

R

Rad
Gebräuchlich in der Wendung *Du hast wohl 'n Rad ab:* Du spinnst wohl; Du »tickst« wohl nicht richtig. (s. *Pfanne, Waffel*)

raffen
Verstehen, begreifen, kapieren. Typische Redewendungen: *raffen, was läuft; das rafft der nie!; die raffen das doch nicht!* (s. *spannen, checken, peilen*)

Randale
Ein Wort für »Krawall«, »Aufruhr«, »Chaos«: *Randale machen.* Häufig als Wandspruch: *Randale!*
Randale ist also da, wo »mächtig die Post abgeht«, »Wahnsinnspower« und »echt Action« ist.

ranmachen
ist ein Wort für »flirten«: sich an ein Mädchen ranmachen. (s. *anmachen, angraben, aufreißen, reinsprechen, einen Wuschermann machen*)

rattenscharf
steht für »(sexuell) aufreizend«, »aufregend«. Rattenscharf ist in der Regel die »Supermutter«, die »riesige Tussi«, das »geile Geschoß«, die »Torte«, das »heiße Eisen«. (s. *kosmisch, galaktisch, heiß, scharf, friesisch-herb, stark*)

reinfahren
Gebräuchlich z.B. in der Wendung *ein Sound, der echt reinfährt:* eine Musik, die »unter die Haut geht«, die begeistert.

reinhauen
Z. B. in der Wendung *das hat ziemlich reingehauen:* Das hat mich hart getroffen, mächtig mitgenommen; auch: *eine Musik, die echt reinhaut.* (s. *reinfahren*)

reinmoven
Abgeleitet vom englischen Verb »to move« – reinmoven steht für »jemanden besuchen«, bei »jemandem reinschauen«.

reinpowern
steht für »seine Aggressionen abreagieren«, »Dampf ablassen«; in eine Sache Schwung bringen (s. *Power, Vollpower, Wahnsinnspower; anpowern, ausgepowert*)

(sich) reinschaffen
Sich anstrengen, »ins Zeug legen«. Wer versucht, sich bei einem Mädchen *reinzuschaffen*, ist mächtig um einen guten Eindruck bemüht.. (s. *anmachen, angraben, reinsprechen, aufreißen*)

reinsprechen
Kennenlernen; übliche Wendung: *Bei der muß ich mal reinsprechen*, d. h. die muß ich mal kennenlernen.

reintun
Lesen; lernen. Beispiel: *Ich muß mir wohl mal Karl Marx reintun.* Ursprünglich ist *reintun* (wie das Synonym *reinziehn*) ein Wort für Essen und Trinken – was man sich »reintut« bzw. »reinzieht«, muß man entweder verdauen oder wieder »auskotzen«.

reinziehn
Lernen, lesen (»sich den Erlkönig reinziehn«); essen, trinken. (s. *reintun*)

relaxed
Entspannt; etwas mit Seelenruhe machen *(wir saßen ganz relaxed zusammen und haben eine Ohrspülung genommen).* (s. *easy; Ohrspülung*)

Riesen-Typ
Bezeichnung für jemanden, der »voll in Ordnung ist«; guter Kumpel. (s. *Bär*)

riesig
Toll, ausgezeichnet, bewundernswert, »große Klasse«. Beispiele: *Das finde ich riesig von Dir; das ist echt eine riesige Tussi.* (s. *Riesen-Typ; komisch, galaktisch, stark, friesisch-herb, geil*)

Rochus
Einen Rochus auf jemanden oder etwas haben: zornig sein; jemanden oder etwas nicht ausstehen können.

Rohr
Ein Wort für Telefon.

Röhre
Hose; z. B. eine *knackige Röhre* tragen.

Rolle
Gebräuchlich in der Wendung *von der Rolle sein*: aus dem seelischen Gleichgewicht, irritiert, fassungslos; nicht ganz bei Sinnen. *(Der ist völlig von der Rolle).*
Üblich ist auch die Formulierung *etwas auf der Rolle haben* – z. B. gute Ratschläge, Vorhaltungen etc.

Roller
Es handelt sich um eine Jugendstil-Gruppe, die sich an der »Elvis-Generation« der fünfziger Jahre orientiert. Erken-

nungsmerkmale: Die Mädchen tragen Pferdeschwänze, Petticoats und Pfennigabsätze – die Jungen eine »Elvis-Tolle« und Western-Stiefel.

rumbrettern
Mit einem Motorrad/Auto schnell durch die Gegend fahren *(durch die Pampa brettern).* (s. *heizen*)

rumflippen
Bezeichnung für ein ziel- und orientierungsloses Verhalten. Der Begriff ist abgeleitet von dem englischen Wort »flip«, was soviel heißt wie »plötzliche Wendung« bzw. »Richtungsänderung«. Wer *rumflippt,* ist in seinen Absichten und seinem Verhalten wenig kalkulierbar – wie der hin und her flitzende Pinball eines Flippergerätes. (s. *ausflippen, ausgeflippt, flippig*)

rumhängen
Keine Beschäftigung haben; nicht wissen, was man tun soll; nichts mit sich selbst anfangen können. Jugendliche beklagen nicht selten einen Mangel an Betätigungsmöglichkeiten, so daß ihnen oft nichts anderes bliebe, als *rumzuhängen.* (s. *durchhängen*)

rummotzen
steht für »schimpfen«, seinem »Ärger Luft machen«.

rumsülzen
steht für »Unsinn reden«, anderen mit seinem Gerede »auf die Nerven gehen«; oft ist damit auch ein übertrieben »pathetisches Gerede« gemeint. (s. *dummsülzen, Gesülze*)

Runde
Gebräuchlich in der Wendung *eine Runde stochern:* einen ausgeben, eine Runde schmeißen.

runter bringen
Einem Drogenabhängigen helfen, von der Droge loszukommen: wer *voll drauf* ist (abhängig), muß *runter gebracht* werden.

S

Sahneschnitte
Bezeichnung für ein besonders hübsches Mädchen. (s. *Torte, Tussi, Schnecke, Supermutter*)

Sau
Gebräuchlich in der Wendung *die Sau rauslassen:* mächtig feiern; auf die Pauke hauen; alle Hemmungen über Bord werfen.

saugeil
Ausgezeichnet, toll, wunderbar, hervorragend. (s. *[affen]-geil, kosmisch, galaktisch, stark, friesisch-herb*)

scharf
steht für »(sexuell) aufreizend«: z. B. *scharfes Mädchen* oder *eine echt scharfe Alte.* Häufig auch als Kommentar: *Das ist echt scharf!* – d. h. überraschend, spannend, interessant, umwerfend.

Scharte
Jemandem eine Scharte ziehen: jemanden verprügeln, schlagen. Häufig als verbales Imponieren: *Ich zieh' Dir gleich 'ne Scharte!*

Schatten
In der Wendung *einen Schatten haben:* nicht ganz bei Sinnen sein; meist als Kommentar: *Du hast wohl 'nen Schatten!* (s. *Rad, abdrehen, ausklinken*)

schattig
Kalt.

Scheich
So bezeichnen Mädchen ihren (festen) Freund. (s. *Pascha*)

Scherben
Schallplatten.

schieben
In der Formulierung *mit jemandem schieben*: mit jemandem ein Verhältnis haben, »mit jemandem gehen« (Beispiel: Die schiebt mit 'nem Punker).

schießen
Sich harte Drogen (z. B. Heroin oder Opium) mit einer Injektionsnadel spritzen. Wer häufig schießt, *hängt* irgendwann *an der Nadel* – ist also abhängig. Der regelmäßige *Schuß* gleicht beim »Schießer« meist einem Selbstmord auf Raten. (s. *Schuß, Nadel, Drogen-Freak*)

Schlaffi
Jemand, der wenig Energie hat, Konflikten aus dem Wege geht und sich unpolitisch verhält. (s. *abgeschlafft, durchhängen*)

Schlauch
In der Wendung *das ist echt ein Schlauch*: anstrengend, kaum zu ertragen; jemand, der *auf dem Schlauch steht*, ist am Ende, weiß nicht mehr ein noch aus (Beispiel: *Da stehst Du echt*

auf'm Schlauch); auch als Kommentar: *Das schlaucht echt!*

schlauchen
Um Geld betteln; Drogenabhängige sind nach eigenem Bekenntnis ständig auf der Suche nach Leuten, die sie *anschlauchen* können – sie halten sich für Meister im *Schlauchen.*

Schleimi
Bezeichnung für jemand, der sich unangenehm anbiedert.

Schmeck
In der Wendung *einen Schmeck auf etwas haben:* Lust/Appetit auf etwas haben. Geläufige Formulierung: *Du hast wohl 'n Schmeck auf 'ne Dröhnung!* – »Du möchtest wohl eine Ohrfeige haben!«

schmieren
Jemandem etwas vorschmieren: jemandem etwas vormachen, *vortürken.* Das Wort *schmieren* bezieht sich häufig auf die Äußerungen der Älteren über Wert- und Moralvorstellungen *(die schmiern'n Dir da was vor).*

schnallen
steht für »begreifen«, »verstehen«, »kapieren«; Beispiel: *Das hab ich geschnallt!* (s. *checken, raffen, peilen*)

Schnecke
Bezeichnung für ein (eher hübsches) Mädchen. (s. *Sahneschnitte, Torte, scharfe Käthe, Tussi*)

Schniegel-Poppie
Bezeichnung für jemand, der besonders viel Wert auf eine adrette äußere Erscheinung legt (besonders auffällig: kunstvolle Haartolle). (s. *Popper*)

s(c)hocking
steht für »überraschend«, »umwerfend«, »frappierend«, »bestürzend« *(Das ist echt schocking!).*

schön machen
bedeutet »um etwas bitten« bzw. »betteln« (Beispiel: *Ich habe keinen Bock, deshalb jedesmal schön zu machen.*)

schrill
Gebräuchlich in den Wendungen *der ist ja schrill* (= der spinnt) bzw. *das ist echt schrill* (= das ist unfaßbar, unglaublich, unerträglich).

schroff
steht für »schlecht«, »unangenehm«, »unerquicklich«, »verdrießlich«. (s. *ätzend, ungeil, link*)

Schuß
Der Drogenabhängige, der sich mittels einer Nadel Heroin oder Opium injiziert, gibt sich einen *Schuß* – deshalb wird er auch »Schießer« genannt. Über 600 Abhängige verabreichen sich zur Zeit jährlich den »Goldenen Schuß«, also eine tödlich wirkende Überdosis. (s. *schießen, fixen, Kick, Drogen-Freak*)

schweinegeil
steht für »einmalig«, »ausgezeichnet«, »wunderbar«. (s. *oberaffengeil, affengeil, saugeil, geil, ungeil*)

Shit
Dieser aus dem Englischen übernommene Ausdruck für Haschisch und Marihuana verdeutlicht die ambivalente Einstellung vieler Konsumenten gegenüber diesen Drogen: Sie hoffen auf das gute Gefühl und angenehme Erlebnisse – wissen aber in der Regel auch, daß sie nicht gerade eine gesundheitsfördernde Substanz zu sich nehmen. Andere Bezeichnungen

für *Shit*: Gras, Heu, Tea, Pot, Mary Jane. *Shit* wird in Tabak vermischt oder als »Joint« geraucht – manche trinken ihn auch im Tee oder backen ihn in Plätzchen ein. (s. *Joint*, *Junkie*)

Show
Wer eine *Show abzieht*, versucht, sich »in Szene« zu setzen, sich »aufzuspielen«, »gibt an«.

Skinheads
Ihnen wird nachgesagt, daß sie die brutalste und militanteste Jugendgruppe seien. Sie haben ihre Schädel kahlgeschoren, tragen Fliegerjacken, schwere Fallschirmspringer-Stiefel und suchen Berichten zufolge vor allem die Konfrontation mit Punkern. Die Skinheads sind durch rechtsradikale und rassistische Äußerungen und Aktionen ins Gerede gekommen.

Snief
Wer *einen Snief hat*, steht unter Rauschmitteln, die durch die Nase (Schnüffeln) eingenommen werden. Der »Sniefer« schnüffelt Heroin (Koks), aber auch Verdünnungsmittel (Alleskleber, Plastikleim, Fleckenentfernungsmittel, Benzol etc.) Die körperlichen und geistigen Folgen sind auf die Dauer katastrophal. (s. *high*)

Socken
Gebräuchlich in der Formulierung *pfeif durch die Socken:* Verschwinde! Mach, daß du wegkommst!

Sockenschuß
Mit der Formulierung *Du hast wohl 'nen Sockenschuß* wird die Zurechnungsfähigkeit eines Gesprächspartners bezweifelt. Inhaltlich vergleichbar: »Du hast wohl 'n Rad ab!« »Du hast wohl 'n Ei auf'm Dach!« »Du hast wohl 'n Ei am Wandern!«

Softi
Der *Softi* ist aus der Sicht der Szene-Frauen »lieb«, »weich« und »zärtlich«. Er gibt seine eigenen Schwächen und Ängste offen zu und akzeptiert im Vergleich zum *Macker* die Frauenemanzipation. Mancher *Softi* ist allerdings nur ein »Halb-Softi« – er bejaht zwar die Emanzipation der Frau, verhält sich dann aber im Alltag doch wieder *mackerhaft*. Am *Softi* gibt es allerdings auch Kritik, wie ein Wandspruch es verdeutlicht: *Der Softi ist auch keine Lösung!* Statt vom *Softi* ist bisweilen auch vom »Soft-liner« die Rede. (s. *Macker, makkerhaft*)

Sound
Klang, Musikrichtung; gebräuchliche Wendungen: *echt guter Sound; da kommt echt Sound raus; ein Sound, der reinfährt; ein echt cooler Sound.* (s. *Power*)

Sozial-Freak
Engagierter Angehöriger der helfenden Berufe im sozialen Bereich.

spannen
Etwas verstehen, kapieren, mitkriegen, bemerken (z. B. *spannen, was läuft*). (s. *raffen, checken, peilen*)

Spasti
Abfällige Bemerkung für eine Person. (s. *Hohler, Macker, Alter, Gent*)

Speed
ist eine Bezeichnung für Aufputschmittel (z. B. Amphetamine und Weckamine), jene Drogen also, die einen auf »Fahrt« bringen. Generell kann in der gesamten Bevölkerung von einem übertriebenen Konsum dieser Mittel ausgegangen werden.

Sponti
Für *Spontis* ist Spontaneität das wichtigste Verhaltens- und Persönlichkeitsmerkmal. Weiter zeichnen sie sich aus durch ein tiefes Mißtrauen gegenüber jeglichen Ideologien und zumindest maßlos anmutende Forderungen: »Wir wollen alles – jetzt!« »Alles ist nicht genug!« »Seid realistisch – verlangt alles!« Sie gehören zweifellos zu den Kreativen in der Sprüche-Landschaft – auf alle Fälle zu den aktivsten Multiplikatoren. Dabei fehlt es nicht an Selbstbekenntnissen: *Die Scheibe klirrt, der Sponti kichert, hoffentlich Allianz-versichert.* Oder: *Der Sponti weiß nicht, was er will, weiß aber, was er nicht will.* Der Psychologe Thomas Ziehe glaubt gerade im Sponti einen »neuen Sozialisations-Typus« ausmachen zu können, dessen Hauptcharakteristika Ich-Schwäche, Bindungsunfähigkeit und u. a. eine Abneigung gegenüber analytischem Denken seien. Die Spontis halten letzterem entgegen: *Auch Spontaneität muß wohlüberlegt sein!*
Auf jeden Fall hat die Jugendszene von den Spontis als einem wesentlichen Element vielfältige Impulse erhalten.

stark
Toll, ausgezeichnet, wunderbar, hervorragend (z. B.: *eine echt starke Frau; die sieht echt stark aus; das ist echt stark*). (s. *kosmisch, galaktisch, friesisch-herb, geil, scharf*)

Stecher
Bezeichnung für einen Mann, dem als einziges Interesse an Frauen die Hoffnung auf Geschlechtsverkehr nachgesagt wird. (s. *Macker, mackerhaft*)

stecken
Etwas aufgeben, hinschmeißen *(ich glaub', ich steck' das).*

stehen
Gebräuchlich in der Formulierung *auf jemand (etwas) stehen:* jemanden (etwas) gern haben, mögen, schätzen *(da steh' ich echt drauf).*

Steppenwolf
Schürzenjäger. (s. *Stecher, Macker-Typ)*

Stoff
Allgemeine Bezeichnung für Drogen. Während die Vokabel »Shit« eine Wertung anklingen läßt, ist das Wort Stoff völlig neutral. (s. *Shit, Junk, Trip, Dope*)

stoned
ist jemand, der stark unter Drogen steht. Er ist wie »versteinert«, stumm und völlig *cool* (s. *abdröhnen, antörnen, high, zu*)

Street-action
ist vor allem für Punker und Spontis eine wichtige und typische Aktionsform. Zu einem großen Teil leiten sie hieraus ihre Identität ab – bestimmen dadurch aber auch ihr Profil in der Öffentlichkeit: Gerade bei den Punkern führt *Street-action* nicht selten zu aggressiven Auseinandersetzungen.

Street-fighter
haben sich anscheinend besonders aus der Hausbesetzerszene heraus entwickelt. Es sind jene Personen, die die Konfrontation mit der Staatsgewalt nicht scheuen.

Stütze
Arbeitslosenhilfe. *(Ich geh' auf Stütze).*

Sumpfralle
Abfällige Bezeichnung für ein Mädchen, das dem gängigen Schönheitsideal nicht entspricht. (s. *Else, Zippelgusse*)

Supermutter
Bezeichnung für ein als besonders attraktiv empfundenes Mädchen. (s. *Sahneschnitte, Torte*)

Szene-Laschi
Abfällige Bezeichnung (angeblich von Frauen benutzt) für jene Männer, die sich eher *soft* geben und denen unterstellt wird, daß sie »es nicht mehr bringen«. Der Szene-Laschi hat also von dem zu wenig, von dem der *Macker* zuviel hat. (s. *Softi, Macker*)

T

Tabletten-Freak
Jemand, der extrem viel Beruhigungs- und Aufputschmittel konsumiert. Zu den Beruhigungsmitteln gehören vor allem die Sedativa (bewußtseinsdämpfend, meist euphorisierend), die Tranquilizer (emotional harmonisierend) und die Antidepressiva (depressionslösend) – zu den Aufputschmitteln die verschiedensten Amphetamin-Verbindungen (bekannte Handelsnamen sind z. B. »Ritalin« und »Preludin«). Der Tabletten-Freak nimmt Beruhigungs- und Aufputschmittel (Speed) im ständigen Wechsel – häufig sogar beide Drogen gleichzeitig. Die körperlichen und seelischen Auswirkungen sind auf die Dauer ruinös. (s. *Freak, Speed*)

Talbahn fahren
steht für »seelisch und körperlich völlig am Ende sein«. Beispiel: *Ich fuhr Talbahn – aber völlig!* (s. *durchhängen, abschlaffen, ausgefreakt, abgebaggert*)

Tante
Junges Mädchen; *die zombige Tante* ist ein besonders attraktives Mädchen. (s. *Alte, Mutti, Tussi, Schnecke, Sahneschnitte, Torte*)

Taucherbrille
»Blaues Auge«; gängige Wendung: *Paß auf – gleich erbst Du 'ne Taucherbrille!*

Taunus
steht für »Gegend«, »Landschaft«; z. B. *mit einem heißen Ofen durch den Taunus peitschen.* (s. *Pampa*)

tauschön
Auffallend schön, attraktiv.

Teds
Jugendstil, der eine gewisse Ähnlichkeit zu den Rollern aufweist. Die Teds tragen lange Baseballjacken, Jeans und breite Schuhe mit Kreppsohlen. Sie werden wegen ihrer Haartracht auch die »Typen mit den tollen Tollen« genannt. Den Teds wird nachgesagt, daß sie sich in ihren Vorstellungen stark an den Traditionen der amerikanischen Südstaaten orientierten und eine Herrenmenschen-Mentalität hätten. Viele tragen als Symbol die Flagge der Südstaatler. (s. *Roller, Popper, Punks*)

Tee
Gebräuchlich in der Wendung *einen im Tee haben:* nicht ganz »zurechnungsfähig sein«, »spinnen«. (s. *abdrehen, tilt; Ei, Rad*)

Teenie-Bopper
sind Teenager (weiblich), die meist in Discotheken anzutreffen sind. Die Bezeichnung ist eher abwertend gemeint, da den

Teenie-Boppern unterstellt wird, daß die Disco ihr Lebens-Mittel- und -höhepunkt darstelle. (s. *Disco-Torte*)

Teller
Wer *nichts mehr vom Teller zieht,* hat seine besten Tage bereits hinter sich, der findet keinen Anklang mehr, er ist für seine Umgebung uninteressant geworden. Besonders üblich bei der Bewertung von Personen oder Gruppen der Musik- und Show-Szene: *Die ziehn nichts mehr vom Teller!*

Terror
Aufregung, Unruhe, Streit, Zank, Aufruhr; übliche Wendungen: *Terror machen; das ist der totale Terror; der totale Terror brach los; mach doch keinen Terror!* In der Szene bekannter Wandspruch: *High sein, frei sein, Terror muß dabei sein.* (s. *Randale, Terz*)

Terz
Terz machen steht für »streiten«, »zanken«, »aufbegehren«; verbreitete Beschwichtigungsformel: *Nun mach doch keinen Terz!* Manchen Jugendgruppen wird nachgesagt, daß sie nur darauf aus seien, »Terz zu machen«. (s. *Action, Randale, Terror*)

tierisch
steht für »sehr«, »besonders«, »extrem«; z. B. *tierisch laut, tierisch gut, tierisch Bock auf etwas oder jemand haben, tierisch lange Haare, tierisch geil, tierisch durchhängen* etc.

tilt
bedeutet im Englischen u. a. »geneigt«, »gekippt«, »gekentert«; übliche Jugendjargon-Formulierungen: *Du tiltst wohl* (Du spinnst wohl) und *alles war ein bißchen tilt* (durcheinander, chaotisch, nicht so, wie es sein sollte). Das Wort kommt vom Flipperspiel: Wenn man z. B durch Kippen des Gerätes

die Flipperkugel zu beeinflussen versucht, wird eine automatische Blockierung ausgelöst – das Spiel läuft nicht mehr, und an der Stirnwand leuchtet es TILT auf. (s. *[aus-]flippen*)

Töle
(olle) Töle ist eine sehr abwertende Bezeichnung für eine Frau. (s. *[fiese] Else*, *Sumpfralle*, *Zippelgusse*)

törnen
kommt vom englischen Wort »turn« (ziehen, drehen); *törnen* steht für »einen durchziehen« – d. h. Haschisch oder Marihuana (meist) mit Tabak vermischt in einer Pfeife oder als Joint rauchen. (s. *antörnen*, *durchziehen*; *Joint*, *Shit*)

Torte
Bezeichnung für ein (eher) hübsches, junges Mädchen. Eher abwertend: *Disco-Torte*. (s. *Sahneschnitte*, *Teenie-Bopper*)

Tote Hose
Bezeichnung dafür, daß »nichts los« ist, sich nichts »abspielt«. In der Drogenszene ist die *tote Hose* das Schicksal jedes Drogenabhängigen – er wird allmählich impotent. (s. *abgebaggert*, *abschlaffen*, *durchhängen*, *Talbahn fahren*)

Travolta
John Travolta war Ende der siebziger Jahre das Idol der Discoszene. Die Disco-Szenerie findet in der Jugend keine einhellige Zustimmung (»Disco-Wichser«). Verbreiteter Spruch: Folter für Travolta! (s. *Disco-Torte*, *Teenie-Bopper*)

Trebe
Wer *auf Trebe geht* bzw. *ist*, versucht, sich ohne festen Wohnsitz durchzuschlagen (Trebegänger). (s. *herumflippen*)

Trip
steht für Halluzinogene wie Meskalin oder LSD 25, jene Drogen also, deren Wirkungsprofil durch Wahrnehmungsveränderungen, optische Halluzinationen, verändertes Zeit- und Ich-Erleben markiert wird. Trips werden auch »Acid« oder »Linse« genannt, weil man nach Bekunden der Konsumenten nach dem »Einwurf« alles schärfer und genauer sieht. Nicht selten kommt jemand, der »wirft«, »auf Horror« (hat also äußerst unangenehme Erlebnisse) oder »bleibt auf dem Trip hängen«. Die häufige Einnahme von Trips kann zu Psychosen führen – möglicherweise auch zu Chromosomenschäden. Mit einem *Trip* begibt man sich also zweifellos auf eine recht gefährliche Reise.
Im weiteren Sinne wird das Wort »Trip« häufig verwendet, wenn jemand von einer Sache begeistert ist bzw. sich ihr voll verschrieben hat: *Ego-Trip, Natur-Trip, Öko-Trip, Musik-Trip* – manche sehen im Punk einen *geilen Trip*. (s. *Ego-Trip, Freak*)

trocken
Ein Wort für »mittellos«, »pleite«; der Begriff steht auch für »drogenfrei«, »nicht mehr abhängig«. (s. *clean, Turkey*)

Trouble
haben Jugendliche nach eigenem Bekunden besonders häufig mit den Eltern und in der Schule. Übliche Formulierungen: *Trouble haben, Trouble bekommen, Trouble machen.* (s. *Zoff, Terror, Terz*)

Turkey
Drogenabhängige leben in der ständigen Angst, *auf Turkey zu kommen.* Wer einmal *Turkey geschoben* hat, berichtet von äußerst qualvollen Entzugserscheinungen wie Wahnbildern, Ängsten, Organstörungen und körperlichen Schmerzen. Um vom »Turkey« runterzukommen, spritzen sich Drogenab-

hängige zur Not auch Hustensaft oder Rotwein. (s. *Affe, Flattermann*)

Tussi
Junges Mädchen. (s. *Alte, Mutti, Supermutter, Tante, Schnecke*)

U

übermackert
ist eine Fete, wenn das Verhältnis zwischen weiblichen und männlichen Teilnehmern zugunsten der letzteren ausfällt – es sind also zu viele »Macker« da (*die Fete war total übermakkert!*) (s. *Macker*)

uncool
steht für »unangenehm«, »ungemütlich«, »unverträglich«; (*das sind echt uncoole Zeiten, das ist eine echt uncoole Sache*); *cool sein* bzw. *cool bleiben* gehört zu den besonders wünschenswerten Verhaltens- und Reaktionsstilen in der Jugendszene – gefragt sind *coole Musik, coole Bücher, coole Klamotten* und *coole Typen* und *Mädchen.* (s. *cool; ätzend*)

ungeil
Ein Wort für »uninteressant«, »langweilig«, »alltäglich«. (s. *uncool; tote Hose; geil, affengeil, oberaffengeil, saugeil, schweinegeil*)

unheimlich
ist ein recht häufig gebrauchtes Wort und läßt sich in etwa mit »sehr«, »mächtig«, »stark« übersetzen: *Das macht mich irgendwo echt unheimlich betroffen; die Sache macht mich echt unheimlich an; das ist echt irgendwo unheimlich schön.* Die Begriffe »unheimlich« und »wahnsinnig« sollen die persönli-

che Betroffenheit besonders stark herausstellen. (s. *echt, irre, wahnsinnig*)

User
sind diejenigen, die regelmäßig Rauschmittel (insbesondere harte Drogen) zu sich nehmen – es wird allerdings auch von Ferien- und Feierabend-Usern gesprochen. Ein Ex-User ist jemand, der nach mehr oder weniger langem und intensivem Drogenkonsum seine Abhängigkeit überwunden hat (s. *clean*). Ex-User werden nicht selten in der Drogenberatung zu Hilfe genommen. (s. *fixen, kiffen, schießen, törnen*)

V

Verlade
steht für »linke/krumme Tour«, »Gemeinheit«, »Hintergehung«, »Hinterhältigkeit« (*das ist doch echt 'ne Verlade*); gebräuchlich auch in der Wendung *jemand verladen.* (s. *link, linken*)

verticken
steht für »etwas verkaufen«; auch »jemandem etwas erklären, erläutern«.

verwarzt
Mit diesem Wort wird jemand charakterisiert, der körperlich und seelisch stark »runtergekommen« ist (»kaputter Typ«).

Vibrations
Manche Menschen rufen dem Szene-Jargon zufolge gute, manche eher schlechte »Vibrations« hervor. Gemeint sind also die gefühlsmäßigen Anmutungen, die jemand auslöst.

Vollpower
ist da, wo etwas los ist – wo es fetzt (*die Fete war echt auf Vollpower*). Musik wird gern vollpower gehört – damit der Sound so richtig »reinfährt«. (s. *Wahnsinnspower; anpowern, reinpowern; ausgepowert*)

W

Waffel
Gängig in der herabsetzenden Formulierung *Du hast wohl einen an der Waffel* (es wird also die »Zurechnungsfähigkeit« des Adressaten in Frage gestellt). Im Grundtenor vergleichbare Wendungen:
Du hast wohl 'n Ei auf'm Dach!
Du hast wohl 'n Ei am Wandern!
Du hast wohl 'n Rad ab!
Du tiltst wohl!
Du hast wohl einen an der Klatsche!

wahnsinnig
steht für »sehr«, »stark«, »mächtig«; *das macht mich echt wahnsinnig an, echt wahnsinnig schön, wahnsinnig ätzend.* Der Jugend wird nachgesagt, daß sie bisweilen mit dem Begriff »Wahnsinn« kokettiere – den Wahnsinn gar für *das* authentische Lebensgefühl halte. (s. *irre, unheimlich*)

Wahnsinnspower
holt sich der Drogenkonsument vor allem von Amphetaminen und anderen Aufputschmitteln (s. Speed) – der Stoff haucht ihm sozusagen »Power« ein. (s. *anpowern, reinpowern, Vollpower*)

Wahnsinnssound
So wird gern die Musik bezeichnet, die Jugendliche besonders schätzen (*ein Wahnsinnssound, der echt reinfährt* bzw. *auf dem man echt abschwimmen kann.* (s. *Ohrspülung*)

Wald
Gängig in der Formulierung *ich glaub, ich steh im Wald:* »Das gibt es doch gar nicht«, »das kann doch nicht wahr sein«. (s. *Elch*)

wegflippen
steht für »die Selbstkontrolle, die Nerven verlieren« (*ich flipp' gleich weg*). (s. *ausflippen, rumflippen; ausrasten*)

werfen
steht für »Drogen nehmen« – in der Regel handelt es sich dabei um Trips (*einen werfen*). (s. *Trip*)

Wichser
Äußerst abfällige Bezeichnung für einen Mann (z. B. *Disco-Wichser*). (s. *Macker, Hohler, Stecher*)

Wurzelmännchen
Eher abfällige Bezeichnung für Anhänger der Ökologiebewegung. (s. *Öko-Freak, Müsli*)

Wuschermann
steht für ein »Liebesabenteuer«, »Eroberung«; besonders geläufig in der Wendung *einen kleinen Wuschermann machen.* (s. *anmachen, aufreißen, reinsprechen*)

Z

Zampano
steht für »der Größte«, »Anführer«; z. B. *in der Clique der Zampano sein.* (s. *Leader*)

Zerowork-Anhänger
sind »Leistungs-« bzw. »Arbeitsverweigerer«, die besonders in der Sponti-Szene zu finden sind – häufig bezeichnen sie sich auch als »Stadtteilindianer«.

Ziege
Üblich in der Formulierung *die Ziege loslassen:* tüchtig feiern, über die Stränge schlagen, einen draufmachen. (s. *Fete*)

Zippelgusse
steht für »häßliches Mädchen«. (s. *Else, Sumpfralle*)

Zoff
ist ein Wort für »Ärger«, den Jugendliche nach eigenem Bekunden nicht selten zu Hause und in der Schule haben *(es gibt Zoff, ich hatte Zoff).* (s. *Trouble*)

zombig
steht für »großartig«, »phantastisch«, »toll«; z. B. *zombige Tante* (tolle Frau)

zu
ist ein sehr gängiger Ausdruck für »unter Drogeneinfluß stehen«. In der Tat besteht die Wirkung vieler Drogen darin, daß der Konsument für Einflüsse von außen unerreichbar *(zu)* wird. Auch derjenige, der sich einen Rausch antrinkt, *macht sich zu.*

zugeknallt
steht für »von Drogen, Alkohol berauscht«. (s. *abdröhnen, antörnen, breit, stoned*)

zulabern
ist ein Wort für »jemandem mit seinem Gerede auf die Nerven gehen«. (s. *[dumm-]sülzen, Gesülze*)

zusammenfalten
steht für »einen Verweis erteilen«, »jemandem die Meinung sagen«, »rügen« *(den werde ich mal tüchtig zusammenfalten).*

Zweierkiste
Umfassende Bezeichnung für den Lebensbereich, der mit Freundschaft, Partnerschaft, Liebe und Ehe zu tun hat. In bezug auf die *Zweierkiste* möchten viele Jugendliche eine völlig andere *Kiste* aufmachen – sie suchen nach neuen Formen des Zusammenlebens. (s. *Beziehungskiste*)

Anhang

Die Lösung

Neun-Punkte-Problem

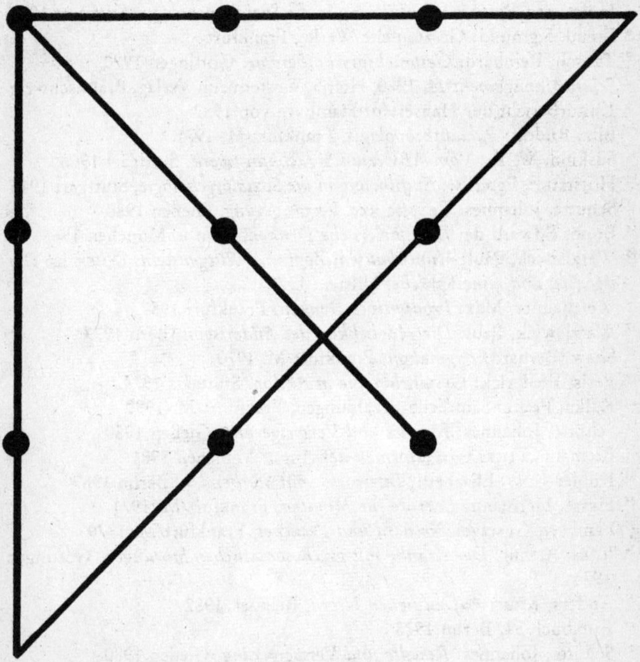

Die Aufgabe lautete:
Verbinden Sie diese 9 Punkte durch nicht mehr als 4 gerade Linien – allerdings ohne abzusetzen.
Die Linie ist also dreimal gebrochen.

Anmerkungen

[1] F., Christiane: *Wir Kinder vom Bahnhof Zoo*, Hamburg 1981
[2] Flaubert, Gustave: *Madame Bovary*, Frankfurt/M. 1981
[3] *»Pankraz«*, Die Welt vom 5. 1. 1981
[4] Wittgenstein, Ludwig: *Tractatus Logico-Philosophicus*, Frankfurt/M. 1966
[5] Hofstätter, Peter R.: *Einführung in die Sozialpsychologie*, Stuttgart 1966
[6] Freud, Sigmund: Gesammelte Werke, Frankfurt
[7] Tausch, Reinhard: *Gesprächspsychotherapie*, Göttingen 1970
[8] *Schul-Management 11*, 1980, Heft 5, Westermann Verlag, Braunschweig
[9] Kulturbericht der Hansestadt Hamburg von 1982
[10] Bilz, Rudolf: *Paläanthropologie*, Frankfurt/M. 1971
[11] Süskind, W. E.: *Vom ABC zum Sprachkunstwerk*, Stuttgart 1966
[12] Hofstätter, Peter R.: *Einführung in die Sozialpsychologie*, Stuttgart 1966
[13] Schütte, Johannes: *Revolte und Verweigerung*, Gießen 1980
[14] Bono, Edward de: *Das spielerische Denken*, Bern u. München 1968
[15] Watzlawick, Paul: *Münchhausens Zopf und Wittgensteins Leiter*, in: *Der Mensch und seine Sprache*, Ullstein 1979
[16] Wertheimer, Max: *Produktives Denken*, Frankfurt 1957
[17] Watzlawick, Paul: *Die Möglichkeit des Andersseins*. Bern 1977
[18] Shaw, Bernard: *Pygmalion*, Frankfurt/M. 1970
[19] Perls, Frederick: *Gestalttherapie in Aktion*, Stuttgart 1974
[20] Kafka, Franz: Sämtliche Erzählungen, Frankfurt/M. 1980
[21] Schütte, Johannes: *Revolte und Verweigerung*, Gießen 1980
[22] Riemann, Fritz: *Grundformen der Angst*, München 1981
[23] Kübler-Ross, Elisabeth: *Interviews mit Sterbenden*, Berlin 1969
[24] Hesse, Hermann: *Lektüre für Minuten*, Frankfurt/M. 1971
[25] Flaubert, Gustave: *Bouvard und Pécuchet*, Frankfurt/M. 1979
[26] Jores, Arthur: *Der Kranke mit psychosomatischen Störungen*, Göttingen 1973
[27] Anders, Knut: *Auf zu neuen Ufern*, Reinbek 1982
[28] Kursbuch 54, Berlin 1978
[29] Schütte, Johannes: *Revolte und Verweigerung*, Gießen 1980
[30] Camus, Albert: *Der Mythos von Sisyphos*, Reinbek 1975
[31] Schütte, Johannes: *Revolte und Verweigerung*, Gießen 1980
[32] Kursbuch 54, Berlin 1978
[33] Camus, Albert: *Die Pest*, Reinbek 1948
[34] Pflasterstrand Nr. 149, Frankfurt/M. 1983
[35] Ott, Paul/Skai, Hollow (Hrsg.): *Wir waren Helden für einen Tag*. Reinbek 1983
[36] Watzlawick, Paul: *Die Möglichkeit des Andersseins*, Bern 1977

Verwandte Literatur

Hau, Willi: *Sponti-Sprüche Nr. 2*, Frankfurt/M. 1982
Capelle, Torsten: *Rettet dem Dativ*, Coppenrath 1982
Jugendwerk der Deutschen Shell (Hrsg.): *Jugend '81*. Hamburg 1981
Bongartz, Dieter/Goeb, Alexander: *Das Drogenbuch*, Reinbek 1981
Trilling, Lionel: *Das Ende der Aufrichtigkeit*, München 1980